몸
짓

김응숙 수필집

몸짓

초판 1쇄 발행 2023년 10월 10일
초판 2쇄 발행 2025년 2월 20일

지은이 김응숙
펴낸이 이상규
편   집 김윤정
펴낸곳 에세이문학출판부

출판등록 2006년 9월 4일 제2006-000121호
주소 03134 서울시 종로구 돈화문로 10길 9, 405호(봉익동, 온녕빌딩)
전화 02-747-3508・3509 팩스 02-3675-4528
이메일 essaypark@hanmail.net

ⓒ 2023 김응숙
값 15,000원
ISBN 979-11-90629-35-5 03810

*이 도서는 2023년도 한국문화예술위원회 아르코문학창작기금 발간지원
  사업에 선정되어 발간되었습니다.
*저자와의 합의하에 인지는 생략합니다.
*잘못된 책은 바꿔드립니다.

몸짓

김응숙 수필집

에세이문학출판부

망설인다.
그러다가 용기를 낸다.
인생이라는 날 선 문장 위에서
나처럼
진정 위로가 필요한 한 사람,
그대를 생각하며.

2023년 10월

차례

015 그림자 집
021 시간 저 너머의 집
027 마당가 집
033 종이 위의 집
037 아버지 집을 찾아서

045	그림자
051	첫사랑
057	몸짓
063	살래
069	손수건
073	시간을 맞추다
079	발톱을 깎으며
083	미싱과 타자기
089	커피 한계시

097 　　나의 악어

103 　　치마

109 　　귀

115 　　신의 한 수

121 　　신

127 　　진달래

133 　　새

139 　　끝내주는 남자

145 　　성냥팔이증후군

149 　　방생

155 　　패랭이꽃

163	노란 구두
167	잡곡밥
173	일상을 굽다
177	언어술사
183	전보 한 알
189	하늘 天
195	진주 목걸이
199	터치 미
205	4391
211	어느 무인카페

219 사이 間, 그 황홀한 스페이스
223 회귀선
229 돌부처
233 바림붓
239 봄비
249 뒷배
257 암탉론

그림자 집
시간 저 너머의 집
마당가 집
종이 위의 집
아버지 집을 찾아서

그림자 집

　전등을 끄자 집은 삽시간에 그림자로 가득 찬다. 화선지가 된 식탁 옆 벽 위로 날렵한 가지 몇 개가 난을 친다. 갓 싹을 틔운 작은 잎사귀가 가지 끝에 돋아나 있다. 흰 벽면에 간결하게 그려진 수묵화는 간간이 바람에 흔들린다. 금방이라도 한 마리 새가 날아와 가지에 앉고 잎사귀 옆에 매화를 닮은 꽃이라도 피어 화조도를 완성할 것처럼 보인다.
　안방 문틀과 문으로 굴곡을 이루며 그림은 이어진다. 더 많은 가지와 잎들이 더 큰 그림을 만든다. 창밖 산사나무뿐만 아니라 생강나무도 섬세한 필치를 더한다. 거실 소파 뒤 벽면은 배롱나무 가지로 출렁인다. 마치 집 전체가 맑은 물속으로 가라앉고, 그 속에서 수초들이 일렁이는 것 같다. 액자 하나 걸지 않고 하얗게 비워둔 벽면이 진가를 발휘하는 시간이다.
　거실 밖 제법 넓은 화단에는 산사나무, 생강나무, 배롱나무가 있고, 화단 가로 키 작은 가로등이 서 있다. 아파트 일층이다 보니 낮에는 학교 가는 아이들, 택배 차량, 드나드는 주민들 모습을 볼 수 있다. 일상의 소소한 풍경들이다. 그러나 해가 기울면 어두워지기가 무섭게 블라인드를 내리곤 한다. 행여 밖에서 안이 보일까 신경 쓰이기 때문이다.

  늦은 외출에서 돌아온 어느 날이었다. 거실로 들어서는데 이상한 느낌이 들었다. 공간에 무언가 가득 찬 느낌이 엄습했다. 둘러보니 그림자가 온 집을 점령하고 있었다. 벽면과 문, 심지어 천장에까지도 드리워져 있었다. 창밖에는 달밤의 검푸른 물결이 출렁이고, 키 작은 가로등이 마치 빔처럼 벽을 향해 영상을 쏘고 있는 것이 보였다. 집을 나서기 전 블라인드 내리는 것을 깜박했나 보았다. 그림자는 내가 입은 연회색 원피스 위에도 어른거렸다.

  사실 나는 그림자에 매우 익숙한 사람이다. 그림자는 한낮보다는 해가 서쪽으로 기울 무렵에 짙어지고 길어진다. 중학교를 중퇴하고 야간학교를 다니던 나는 친구들이 하교하는 시간에 가방을 들고 집을 나서곤 했다. 큰길을 피해 되도록 골목을 따라 걸었다. 산자락에 있는 학교에 도착하면 운동장은 이미 교사校舍의 짙은 그림자에 덮여 있었다. 희미한 빛을 내기 시작하는 백열등 아래 계단에 앉아 운동장이 완전히 어둠에 잠길 때까지 바라보았다.

  밤 열 시가 넘어 집으로 돌아올 때는 그야말로 그림자가 친구가 되어주었다. 가로등도 행인도 뜸하던 시절이었다. 불빛이 없는 곳에서는 다급해지던 발길도 그림자가 나타나면 한결 느긋해졌다. 보름달 아래 보리밭이 밤바람에 술렁여도, 강둑 넝마주이 움막에서 등잔불이 도깨비불처럼 깜박여도 그림자는 내 곁에서 떨어지지 않았다.

그즈음 나는 인생에도 그림자가 있다는 것을 알고 있었다. 큰딸을 중학교에도 보내지 못했던 우리 아버지는 서산에 해가 기울 무렵이면 마당에 나와 종이에 만 연초를 피우셨다. 마당 안쪽으로 길게 그늘이 지고 담배 연기가 옅은 구름처럼 흩어졌다. 결코 떨칠 수 없었던 가난의 그림자가 발목을 휘어감은 채 자꾸만 짙어졌다.

그 그림자는 우리 가족에게도 드리웠다. 우리는 저마다 그림자를 끌며 인생을 살았다. 그래도 아버지는 이상향을 향해 끝없는 희망 회로를 돌렸고, 어머니는 견디지 못해 병을 얻어 세상을 떠남으로써 결별을 고했다. 기특하게도 여동생은 잊어버리는 방법으로 세상을 살았다. 불행하게도 남동생은 갇혀버렸고 막냇동생은 떨쳐버리려고 멀리 떠났다. 나는 그냥 함께 살았고 그림자는 내 가슴에 짙게 배어들었다.

그림자를 좋아하는 사람이 있을까. 그림자를 끌어안고 살았던 나는 항상 우울했다. 바깥사람들 앞에서는 굳이 그림자를 숨기려고 애써 웃었다. 그러나 어쩌다 사진을 찍으면, 찍히는 사진마다 그 웃음은 내 얼굴에 숨어 있는 그늘을 드러냈다.

웃는 것도, 우는 것도 아닌 기묘한 얼굴이었다. 그런 나를 마주하기 싫어서 사진을 찍을 때면 딴전을 피우며 자리를 피하곤 했다.

사실 그 속에 들어앉아 있으면 그림자는 그냥 어둠일 뿐이다. 밖으로 나와 큰 시선으로 자신을 바라볼 수 있어야 비로소 제대로 보인다. 나를 밖으로 끌어내어 준 것은 글이었다. 이 집으로 이사를 한 그해에 몇몇 수필 공모전에서 수상했다. 수필을 쓰면서 내 그림자를 직시하려고 노력했다. 역린 같은 고통이 따라왔지만, 서서히 윤곽이 드러나기 시작했다. 그리고 알게 되었다 그림자는 단지 어둠이 아니라 빛의 이면이라는 것을. 그림자가 짙을수록 거기에 배어 있는 빛도 강하다는 것을.

실체를 가진 존재라면 피할 수 없는 게 그림자다. 햇살 아래에 자신을 드러낼 때면 반드시 따라붙는다. 상황에 따라 모습을 바꾸기는 하지만 분명 그것은 햇살을 받는 앞면이 투영된 뒷면이다. 어찌 보면 그림의 입체감을 살리기 위해 음영을 그려 넣는 것처럼 존재를 더욱 깊이 있게 드러내기 위한 일환인지도 모르겠다.

마음만 먹으면 그림자를 불러올 수 있는 이 집을 나는 그림자 집이라고 부른다. 자랑할 것이 별로 없는 나는 지인들이 찾아오면 곧잘 불을 끄고 그림자 전시회를 연다. 작은 거실에 붙어 앉아 우리는 기이하고 아름다운 그림들을 감상한다. 그림자가 이토록 아름다울 수 있다는 사실에 가슴이 뜨거워지곤 한다. 해가 져도 작은 불빛에 의지해 스스로 존재를 드러내는 그림자 집은 오늘 저녁에도 여전히 공연 중이다.

시간 저 너머의 집

그해 여름은 유난히 더운 데다 장마도 길었다. 아침이면 찜통에 찐 것 같은 태양이 떠올랐다가 이내 비구름에 가려졌다. 굵어졌다 가늘어졌다 하는 빗줄기가 종일 창문을 그었다. 모든 것이 눅눅했다. 집 안 어디라도 손가락으로 누르면 습기가 묻어나고, 손에 걸리는 대로 쥐어짜도 물이 뚝뚝 흐를 것 같았다. 내 마음도 하루 내 우울 상태를 벗어나지 못했다.

눈물이 흘러내려 빗방울이 부딪치는 창문처럼 얼굴이 젖었다. 모든 것이 귀찮고 무기력했다. 손가락 하나도 까딱하지 않고 웅크리고 앉아서 회색에서 검은색으로 물드는 창문을 지켜보았다. 남편이 내 눈치를 보다가 자장면을 시켜 아이들과 함께 저녁을 먹었다. 비 오는 저 창문 밖 어둠 속으로 마냥 가라앉는 느낌이 들었다.

오십 대 후반에 들어서자 부쩍 우울감이 찾아왔다. 폐경이

다가온 것이다. 내 마음에서 모든 색이 탈색되고 회색만 남은 것 같았다. 끝내 꽃 한 송이 피우지 못하고 이대로 사라지고 마는가 하는 열패감에 시달렸다. 슬프고 서럽고 쓸쓸하고 침울한 상태가 번갈아 내 마음을 점령했다.

며칠 만에 비가 그치고 하늘이 희뿌옇게 갠 날이었다. 책장에서 이것저것 뒤적이다가 엽서 한 장을 발견했다. 일전에 민화 전시회에 갔다가 받은 것이었다. 붉고 푸르고 노란 원색들이 작은 엽서를 가득 채우고 있었다. 강렬한 색감이 나를 빨아들였다.

즉시 컴퓨터를 켜고 민화를 검색했다. 그리고 그 그림을 발견했다. 간혹 사극 드라마에서 왕의 대전이나 왕비 침소에 걸려 있던 화려하고 웅장한 그림이었다. 내 안에서 생동하는 색감들을 붙잡고 싶은 간절한 욕구가 일었다. 나는 이웃 형님의 딸이 미술을 전공한 것을 떠올렸다.

그녀는 기꺼이 그림 선생님이 되어주었다. 블라인드를 생산하는 공장에서 가로 230m, 세로 150m인 천을 주문하고 오방색 아크릴 물감도 샀다. 붓은 작은 페인트 붓을 사용하기로 했다. 장마가 물러가고 쨍쨍한 햇살이 기승을 부렸다. 땀을 뻘뻘 흘리며 일주일에 두 번씩 선생님이 사는 아파트를 향해 경사진 언덕을 올랐다.

다행히 민화는 일정한 패턴이 있었으므로 선생님 도움을 받아 밑그림을 그릴 수 있었다. 밑에서 삼분의 이쯤 되는 자리에 산봉우리 다섯 개를 그리고 골짜기에 폭포를 그렸다. 그 밑으로 화려한 물보라를 새겨 넣고 양쪽으로 구불구불한 소나무를 그렸다. 그리고 비어 있는 하늘에 해와 달을 그려 넣었다. 한 하늘에 해와 달이 동시에 떠 있는 일월오봉도였다.

그림이 워낙 컸으므로 거실에 펼쳐놓은 그림 위를 맨발로 들어가서 색을 칠했다. 연두와 녹색으로 기암괴석이 가득한 산봉우리를 칠하니 산이 우렁우렁 숨을 쉬기 시작했다. 폭포수는 흰 비단처럼 흘러내렸고 물보라는 만개한 흰 꽃처럼 한 방울 한 방울 피어났다. 붉게 칠한 소나무 둥치는 하늘을 향해 용솟음치는 것처럼 생명력을 뿜어냈다.

그림 속에 들어앉아 그림을 그리다 보면 전혀 딴 세상에 와 있는 느낌이 들었다. 그곳은 마치 실재하는 또 다른 세상 같았다. 그림 속에서 깊이 호흡했다. 적송을 스치고 온 솔향기를 맡고, 바위를 휘돌아 온 물소리를 들었다. 그림을 그리는 동안 이따금 완전히 나를 잊었다.

산과 물과 소나무를 칠하고 나니 산봉우리 위가 텅 비어 있었다. 문득 모든 것이 공간으로 보였다. 산도 물도 소나무도 그저 공간에 시간과 인연이 겹쳐 형상을 이루고 색이 생긴 것 같았다. 산봉우리 위를 파란색으로 메우고 나니 그 공간은 하늘이 되었다. 가장 높은 봉우리 오른편에는 붉은색 해를, 왼편에는 흰색 달을 그렸다. 그리고 알게 되었다. 원래부터 해와 달은 늘 한 하늘 위에 떠 있었다는 것을.

일월오봉도는 주인공이 없는 그림이다. 해와 달, 산과 물과 소나무는 어느 것 하나 두드러지지 않으면서 소외되어 있지도 않다. 한데 어우러져 한 세계를 이룬다. 동양사상의 근간이 되는 木, 火, 土, 金, 水가 꼬리에 꼬리를 물고 상생하는 이른바 오행상생도五行相生圖이기도 하다. 그러나 내게는 형상과 원색들로 가득한, 에너지가 팽창하는 한 덩어리 공간으로 느껴졌다.

세필 작업을 마무리하고 그림을 내려다보았다. 아름다웠다. 그림을 잘 그려서가 아니라 그림 속에서 형상과 색들이 스스로 조화를 이루는 것 같았다. 비록 한정된 화폭에 그려져 있지만 그림은 끊임없이 움직였다. 물보라가 튀고 솔바람 향기는 더욱 짙어졌다. 해와 달은 서로 밀고 당기며 시간의 축을 돌려 그림을 완성했다. 자연계 파라다이스였다.

다 그린 그림을 며칠 펼쳐놓은 채 말렸다. 아크릴 물감이라 마르면 칠이 떨어지지 않을까 염려했으나 다행히 그런 일은 일어나지 않았다. 선생님과 나는 손뼉 치며 완성을 축하했다. 어쨌거나 내가 이렇게 큰 그림을 그리다니, 가슴이 벅찼다. 이제 한지로 둘둘 말아 집으로 가져가면 되었다.

선생님이 마지막이니 차나 한잔하고 가라며 찻물을 끓였다. 그 틈을 노려 세필에 검은 물감을 찍어 그림 안으로 들어갔다. 떨어지는 폭포 옆, 아래로 노송이 내려다보이는 산봉우리 암벽 위에 점 하나를 찍었다. 그 점이 그림 속 아무도 모르는 나만의 집이 되었다. 그곳에 앉아서 무심하게 해와 달을 바라보는 나를 상상했다.

　시간 저 너머의 집. 그곳은 아무리 시간이 지나도 사라지지 않을 나의 집이었다. 차를 내오는 선생님 등 뒤 창으로 뒷산이 보였다. 어느새 길고 지루한 여름이 가고 알록달록 옅은 단풍이 들고 있었다.

마당가 집

'부산시 동래구 망미동 ○○번지.'

어린 시절 살았던 집 주소다. 수영강이 광안리 바닷가로 흘러들기 전 오른쪽으로 흘깃 눈을 돌리면 보이는 나지막한 산 아래 들어앉은 동네였다. 남쪽으로 한참 걸어가면 팔도시장과 5번 버스 종점이 있었다. 그곳에서 큰길을 건너면 광안리 푸른 바다로 이어졌다. 동쪽으로 조금만 가면 갈대가 우거진 수영강둑이 길게 누웠고, 너머로 수영 비행장이 보였다. 강둑에는 저녁마다 핏빛보다 더 짙은 노을이 지곤 했다.

부산 변두리였다. 겨우 전기가 들어와 있을 뿐 신작로에서는 언제나 먼지가 풀풀 날렸다. 동네 앞 넘실거리는 보리밭 건너 멀리 큰 공장 지붕이 보이고 시커먼 연기를 뿜어내는 굴뚝이 보였다. 도시도 아니고 농촌도 아닌 곳을 반촌이라 한다. 기존의 것은 망가지고 새로운 것은 주어지지 않은, 왠지 모르게 불온한 공기가 감도는 동네였다.

한국전쟁이 끝나고 급변하는 시대 조류에 떠밀려 온 부유물 같은 사람들이 그 동네에 발을 붙이고 살았다. 아버지도 그런 사람 중 한 사람이었다. 이삿짐 귀퉁이에 들어 있는 족보가 혈통을 보증했으나, 사실은 바늘 꽂을 땅 한 뼘도 없이 몰락한 집안 장손일 뿐이었다. 손에는 항상 신문이 들려 있었지만, 실상은 세상과 겉도는 이상주의자에 가까웠다. 그런 아버지가 병든 부모와 어린 자식들을 거느리고 이 동네 허술한 단칸방으로 스며들었다.

과연 사람에게 집이란 어떤 의미일까. 누구는 가족의 휴식처라 하고 누구는 재생산 에너지를 충전하는 곳이라 한다. 요즘은 재테크 대상이고 성공 척도로 여겨지기도 한다. 다 맞는 말이다. 그러나 나에게 집은 늘 어쩔 수 없이 되돌아가서 어쩔 수 없는 가족과 함께 살아야만 하는 곳이었다. 비록 그곳이 벼랑 위에 있는 것처럼 아슬아슬하더라도 말이다.

대문도 없는 기둥 사이를 지나면 오전에는 슬레이트 지붕이 그늘지고 오후에는 엉성한 블록 담벼락이 그늘을 남기는 초라한 마당이 있었다. 그 마당가로 차마 집이라 부르기에는 민망한 방 하나, 부엌 하나에 좁은 마루와 현관을 가진 집들이 나지막한 처마를 맞대고 있었다. 집들은 더 이상 밀려나지 않으려고 낮은 자세를 하고 어깨를 건 것처럼 다닥다닥 붙어 있었다. 그 집마저도 툭하면 월세가 밀려 독촉 받는 형편이었으니 사실 물러날 곳이 없기도 했다.

알고 보면 입 하나를 덜기 위해서였지만, 나는 공부를 해야 한다는 명분으로 서울에 있는 외갓집으로 보내지곤 했다. 그런데 초등학교를 졸업할 동안 네 번의 전학에도 불구하고 서울 학교에 적응하지 못했다. 어렸지만 이미 가난으로 마음에 금이 가버린 탓이었는지도 모르겠다. 그리고 늘 초라한 집으로 되돌아와 마치 날개에 상처를 입은 어린 새처럼 웅크리고 앉아 제 상처를 핥아댔다.

옆집에는 나보다 일곱 살 많은 연자 언니가 살았다. 언니 아버지는 상투를 틀고 수염을 기른 조선의 마지막 선비였다. 아버지는 그분을 '진사 어르신'이라고 불렀다. 진사 어르신은 아침이면 방문을 열고 시조 한 수를 읊고는 하루 대부분을 앉은뱅이책상에 앉아 가는 붓으로 고서들을 필사했다. 판자로 만든 선반에는 한지에 송곳으로 구멍을 뚫고 나일론 끈으로 엮은 필사본 책들이 가지런했다.

공장에 다니며 생활비를 벌던 연자 언니가 어느 날부터인가 보이지 않더니 배가 잔뜩 불러서 돌아왔다. 당시 사회적으로 큰 문제가 되었던 가짜 대학생에게 속았다고 했다. 한동안 진사 어르신 집은 방문도 열리지 않고 쥐 죽은 듯이 조용했다. 연자 언니가 떠나고, 아기도 남자의 누나에게로 보내진 뒤 방문은 다시 열렸지만 더 이상 시조 읊는 소리는 들을 수 없었다.

아버지는 해방이 되고 세상이 좌우로 헤쳐 모여를 할 때 어느 쪽에도 속하지 못했다. 박식했지만 실천할 수 없었고, 인격은 갖추었지만, 실속이 없었다. 그저 세파에 밀려 세상 언저리에서 서성거렸다. 그런 아버지를 진사 어르신은 '김 선생님'이라고 불렀다.

신문을 든 김 선생님과 탕건을 쓴 진사 어르신이 마당에서 만날라치면 깊숙이 허리를 굽혀 인사를 했다. 진짜 선생도, 진사도 아니면서 두 남자는 상대를 꼬박꼬박 그렇게 불렀다. 시대적 가치의 벼랑 끝에서 속절없이 부서져 내리는 서로를 목도 하면서도 끝끝내 그 호칭을 버리지 않았다.

그래도 어머니와 연자 언니 어머니는 마당가 집답게 서로 어깨를 걸고 살았다. 우리 집 쌀독이 바닥나면 바가지를 들고 언니네 집으로 갔다. 언니네 연탄이 떨어지면 우리 연탄을 들고 언니네 부엌으로 갔다. 동생이 열이 펄펄 나면 언니 어머니는 책장 구석에서 붉은 가루를 꺼내 숟가락에 묽게 타서 입에 넣어주었다. 아기가 집을 떠날 때 어머니와 언니 어머니는 부엌에서 서로를 부둥켜안고 울었다.

깊은 밤 변소에 가기 위해 마당을 가로지르다 뒤를 돌아다볼 때면 불 꺼진 집들이 마치 무거운 바위처럼 가라앉아 있었다. 마당도 집들을 얹은 채 겨우 버티고 있는 듯이 보였다. 마당가 집들은 어쩌면 그곳에 살았던 우리에게는 정말 벼랑 끝이었는지도 모르겠다.

시간이 쌓이면 심연이 된다. 그 집을 떠올리면 심연 깊이 잠수한 것처럼 가슴께가 뻐근해진다. 그런데도 나는 왜 그곳으로 자꾸만 돌아가는 것일까. 신기하게도 눈물처럼 어른거리는 시간의 물결 아래로 그 시절 얼굴들이 그대로 보인다. 내가 아프고도 그리운 그곳으로 돌아가는 한 어쩔 수 없이 마당가 집은 여전히 나의 집인 것이다.

종이 위의 집

 사무실 문을 열기가 망설여진다. 공인중개소 앞 사 차선 도로 너머에는 초고층 아파트 단지가 들어서 있다. 얼마 전까지만 해도 작은 단독주택들이 좁은 골목을 끼고 어깨를 맞대던 오래된 동네였는데 재건축이 된 모양이다. 하긴 전철역이 가깝고 나름 학군이 좋은 곳이니 개발이 되지 않을 수 없다. 새 아파트는 한낮 햇살 아래서 거대한 트리처럼 반짝거리고 있다.
 반짝거리는 아파트가 깨끗이 닦아놓은 사무실 통유리에 그대로 얼비친다. 통유리에는 일정한 크기의 흰 종이가 나란히 붙어 있는데, 종이에는 '○○아파트 ○○평, ○○억' 등 매매 정보가 쓰여 있다. 평수에 따라 차이는 있지만 일정 가격 아래 아파트는 보이지 않는다. 마치 통유리가 또 하나의 아파트 단지이기라도 한 것처럼 종이들은 좌우, 위아래로 촘촘히 붙어 있다.

햇볕이 잘 들지 않는 작은 빌라에 몇 년을 세 들어 사는 딸아이의 새로운 셋집을 알아보기 위해 나선 길이다. 아이 작업장에서 멀지 않은 양지발랐던 이 동네를 기억하고 찾아왔는데, 이곳은 이미 예전 그 동네가 아니다. 얼마 되지 않는 보증금을 생각하니 발걸음은 더욱 떨어지지 않는다. 그래도 아파트 뒤쪽으로 아직 개발되지 않은 집들이 남아 있는 터라 사무실 문을 조심스레 열고 안으로 들어선다.

몇 살이나 되었을 때였을까. 몽당연필에 힘을 주며 종이 위에 집을 그렸다. 반으로 접으면 대칭이 되는 소박한 맞배지붕 기와집이었다. 지붕과 벽을 그리고 양쪽으로 네모난 창문을 그렸다. 지붕에는 생선 비늘 같은 모양으로 기와를 채웠다. 그리고 맨 마지막에 벽 중앙에 문을 그렸다. 문 옆으로 동그란 손잡이도 그려 넣었다.

조금씩 철이 들자 나는 우리 집이 진짜 우리 집이 아니라는 것을 알았다. 그저 비나 피하는 슬레이트 지붕 아래 단칸방이었는데도 말이다. 세가 밀리면 어머니는 동네 이곳저곳에 돈을 빌리러 다니는 눈치였다. 하다 안 되면 서울에 있는 외갓집으로 가셨다. 그럴 때마다 어머니를 기다리며 컴컴한 방 한쪽에서 또다시 종이 위에 집을 그렸다.

단순하던 집이 점점 커지고 화려해졌다. 이제는 기와집이 아니라 붉은 장미 넝쿨 울타리를 가진 벽돌집이 되었다. 하얀 대문을 열고 들어가면 오른쪽에 사과나무가 있고 왼쪽에 작은 연못이 있다. 연못에는 꼬리가 화려한 금붕어가 몇 마리가 산다. 돌계단을 올라 초인종을 누르면 현관문이 열린다. 천장은 높고 바닥은 깨끗하다. 창문에는 기다란 커튼이 드리워져 있다.

어머니는 하얀 싱크대 앞에서 저녁을 하다가 나를 돌아보며 웃으신다. 아버지는 서재에 있는 책상에 앉아 책을 보느라 내가 지나치는 것도 모르고 계신다. 동생들은 깨끗한 이불을 덮고 방에서 잠들어 있다. 이상하게도 방마다 문이 조금씩 열려 있어서 방 모습을 훤히 볼 수 있다.

마침내 나무 계단을 올라 다락방 문 앞에 선다. 뾰족한 지붕 아래에 조그만 창이 있는 다락방이 내 방이다. 그러나 이즈음이 되면 슬퍼진다. 왜냐하면 이제 상상을 끝내야 하기 때문이다. 방문을 열고 들어서면 더 이상 상상을 이어 갈 수 없다. 나는 늘 다락방 문 앞에서 망설인다. 내 눈앞으로 까만 어둠이 스치고 연필을 놓는다. 그리고 어둑한 단칸방으로 돌아오면 내 앞에는 어설프게 그려진 종이 위 집이 놓여 있곤 했다.

결혼하고 십 년쯤 지났을 무렵 남편 퇴직금에다 은행 융자를 보태어 조그만 아파트 하나를 샀다. 하루가 다르게 치솟는 집값에 떠밀려 찾아간 양산 논바닥에 세워진 오층짜리 아파트였다. 개발 호재라는 요란한 문구와 간단한 평면도가 실린 광고지를 들고 찾아간 현장은 진흙에 발목이 푹푹 빠지는 진창이었다. 요즘 아이들 말로 영끌을 한 셈이었는데, 삼십 년 가까이 살아도 집값은 오르지 않았다. 묘하게도 개발이라는 호재는 유독 우리 집을 비껴갔다. 아파트는 낡았고, 세파에 떠밀린 채 다시 부산으로 돌아가지 못했다.

요즘 또다시 집값이 하늘 높은 줄을 모르고 치솟고 있다. 이제는 입에서 절로 억 소리가 나온다. 서민인 나로서는 꿈도 꾸지 못할 금액이다. 새 아파트 단지는 마치 땅을 뚫고 솟아난 것처럼 보인다. 그 여파로 낡은 집들이 헐리고, 그곳에 살던 사람들은 집값이 싼 변두리 어딘가로 스며들었으리라.

문득 요즘 아이들은 종이 위에 어떤 집을 그릴까 궁금해진다. 빈 종이에다 얼마 되지 않는 통장 금액을 적어 놓고, 최대 융자 금액을 산정하고, 그래도 반이 넘게 남는 공간에는 혹여 부모님이 얼마나 보태주실 수 있을지 하는 계산을 적지는 않을까. 그런 부모가 없는 아이들은 멍하니 백지를 바라보며 펜을 들 엄두조차 내지 못하는 것이 아닐까. 그러고는 천천히 종이를 찢어버리지는 않을까.

마뜩잖은 소장의 눈길을 받으며 중개소 사무실을 나선다. 햇살은 여전히 통유리에 붙은 종이 위 집으로 쏟아지고 있다. 그 빛나는 집에는 아무리 찾아보아도 우리 아이들이 열고 들어갈 문은 보이지 않는다. 문득 강한 햇살 한 줄기가 종이 위의 집을 관통한다. 괜히 눈물이 날 듯 눈이 시리다.

아버지 집을 찾아서

　기차가 서서히 속도를 줄였다. 이제 곧 김천역에 도착한다는 안내방송이 흘러나왔다. 순간 아버지의 창백한 얼굴이 떠올랐다. 부산행 KTX를 타고 가다 대전역에서 충동적으로 내렸을 때 이미 여정은 꼬인 셈이었다. 대전에서 환승을 해 김천에 오기까지 한 시간 반이 더 걸렸다. 차창 밖으로 김천이라 쓰인 표지판이 지나갔다. 나는 가방 손잡이를 잡았다. 덜컥이며 기차가 멈췄다. 애초 예정에 없던 김천행이었다.
　하늘은 잔뜩 흐려 있었다. 역 앞 광장에서 군밤을 파는 아주머니 옆으로 택시 몇 대가 늘어서서 손님을 기다리고 있었다. 광장 앞으로 큰길이 있고 건너편은 시장이었다. 골목 앞 여인숙 간판 너머로 큰 모텔 건물들도 보였다. 아버지는 당신 인생에서 감당할 수 없었던 격랑의 한 시기를 이곳에서 겪은 뒤 고향을 떠났고, 다시는 이곳을 찾지 않았다.

버스 정류장으로 가서 직지사행 버스를 기다렸다. 여유도 있었지만, 곧바로 아버지 집을 찾아가고 싶지 않았다. 육십 년 세월이 지났다. 그 동네나 집이 그대로 있을지도 의문이었다. 버스를 타고 창가에 앉았다. 회색빛 하늘 탓인지 버스가 마치 시간을 거슬러 과거로 가는 느낌이 들었다. 시내를 벗어나자 창밖으로 논밭과 시골 마을들이 스쳐 갔다. 버스가 멈추자 머리가 하얀 노인 한 분이 탔다. 다시금 아버지를 떠올렸다.

병원에 입원한 후로 염색하지 못한 머리는 하앴다. 틀니까지 빼놓자 주름이 온 얼굴을 덮었다. 이 년째 매일이다시피 병원을 찾았지만 그런 아버지가 가끔은 낯설었다. 그런데 어느 날부터인가 병상 머리맡을 지키고 앉은 큰딸에게 낯선 이야기를 하기 시작했다. 내가 알지 못한 젊은 날의 아버지 이야기였다.

이야기는 물레에서 자아내는 실처럼 기억 덩어리에서 돌돌 풀려 나왔다. 그 이야기에는 어떤 기쁨도 슬픔도 묻어 있지 않았다. 구십이라는 나이는 당신 서사에서 감정을 휘발시킬 만큼 충분한 세월인지도 몰랐다. 첫사랑과 이별하며 찢어졌던 가슴에도, 외도로 가산을 탕진하고 끝내 작은댁에 눌러앉은 아버지에 대한 증오에도, 뇌전증으로 수시로 발작을 일으키던 어머니에 대한 연민에도, 현실에 좌절하며 들끓던 젊은 피가 남긴 돌이킬 수 없는 후회에도 감정은 남아 있지 않았다. 모든 살을 바르고 남은 생선 뼈처럼 이야기는 단출했다.

그러나 김천시 용두동 한집에서 보낸 어린 시절을 이야기할 때만큼은 눈빛이 달라졌다. 담장에 너울대던 감나무 그림자, 기와지붕 위를 떠돌던 구름, 용식이, 재철이와 다이빙을 하던 감천의 바위를 이야기하는 입가에는 미소가 머물렀다. 고향을 떠난 후로 허물어지고 부서지기만 했던 아버지는 이제야 비로소 완전했던 한때의 순간을 기억해낸 것 같았다. 나는 아버지가 움직일 수 있을 때 함께 김천을 찾아보지 않은 것을 후회했다.

직지사에 내리자 비가 오기 시작했다. 아버지는 친구들과 직지사에 올라와 스님들과 놀았다고 했다. 절 마당을 쓸기도 하고 계곡에서 물놀이도 하면서 말이다. 나는 가게에서 우산을 하나 샀다. 경내를 둘러보는데 빗발이 거세지기 시작했다. 갑자기 돌풍도 불었다. 바람을 타고 장엄한 독경 소리가 들려왔다.

독경은 커다란 이층 건물에서 났는데, 건물 전체를 울긋불긋한 금줄이 두 겹으로 둘러싸고 있었다. 아마도 범어梵語일 글자가 한 자씩 써진 오방색 비닐들이 금줄에 꿰인 채 비바람에 사정없이 흔들리고 있었다. 안에서 비구계가 진행되고 있다는 안내문이 보였다. 독경과 금줄은 이제 막 비구가 되는 이들의 초발심이 흔들리지 않도록 보호하고 있는 셈이었다. 묘한 기분이 들었다. 과연 저 금줄은 무엇을 막고자 하는 것일까.

사대 장손인 아버지가 태어나자 대문에는 금줄이 걸렸을 터였다. 부디 이 금줄이 귀한 장손의 불행을 막아주기를 바라면서 말이다. 그러나 돌이켜보면 금줄이 큰 위력을 발휘한 것 같지는 않다. 아버지는 불행한 기억을 안고 고향을 떠났고 급변하는 시대 흐름에 풍화되었다. 어쩌면 저 금줄은 기어코 모든 것을 흩어버리고야 마는 세월이 두려워 저렇듯 필사적으로 펄럭이는 것은 아닌지.

택시를 타고 용두동을 찾은 것은 해가 질 무렵이었다. 겨우 비가 그친 하늘에 노을도 없이 해가 지고 골목은 어둑해졌다. 퇴색한 담벼락과 지붕이 기운 집들이 비를 맞아 우중충했다. 골목 한쪽으로 흐르는 빗물이 내 구두코를 적시며 흘렀다. 녹슨 대문에 붙은 번지수가 보였다. 이 골목 어딘가에 아버지 집이 있을 거였다. 그러나 어디에도 아버지가 말한 집은 보이지 않았다. 다만 세월에 낡아버린 누추한 집들이 짙어지는 어둠에 물들며 과거로 가라앉고 있을 뿐이었다.

친구들과 다이빙했다던 감천 기슭도 준설을 하는지 파헤쳐져 있었다. 강기슭에 일하다 멈춘 굴착기 한 대가 보였다. 용식이, 재철이와 뛰어내린 바위는 보이지 않았다. 강 건너 저만치 고층 아파트가 지어지고 있었으나 이곳은 그저 앉은 채로 세월을 고스란히 받아낸 것 같았다. 어디에서도 어린 시절 발자국을 발견하지 못했다. 나는 아버지와 함께 이곳을 찾지 않은 것이 다행이라는 생각이 들었다. 강변 가로등이 하나둘 켜졌다. 다시 택시를 불러 타고 역으로 돌아왔다.

나는 왠지 이 모든 것을 이미 알고 있었던 것 같기도 했다. 한번 흘러간 시간은 돌아오지 않고, 모든 순간은 오직 그 순간에만 완전할 뿐이지 않은가. 그러나 또한 알고 있었다. 내일이면 아버지 손을 잡고 이 이야기를 하리라는 것을. 감나무 잎은 무성하고 강물은 맑았으며 감천 다이빙 바위도 건재하더라고. 기와지붕에는 여전히 윤기가 흐르고 용식이 아저씨와 재철이 아저씨가 부르는 소리가 골목에서 들리는 것 같더라고. 마치 내 이야기가 금줄이 되어 아버지의 마지막 남은 추억을 지켜주기라도 할 것처럼 말이다.

　다시 가는 비가 내리는 역에 도착했다. 기차 출발까지는 삼십 분이 남았고, 뿌연 는개 속에서 '김천역' 세 글자 불빛이 맑은 눈으로 나를 기다리고 있었다. 아버지 집을 찾아가는 갑작스러운 여정이 끝나는 순간이었다.

그림자
첫사랑
몸짓
살래
손수건
시간을 맞추다
발톱을 깎으며
미싱과 타자기
커피 한계시

그림자

 등 뒤로 서늘한 기운이 느껴진다. 마당에 쪼그리고 앉아 나뭇가지로 낙서하는 작은 그림자를 큰 그림자가 다가와 덮는다. 뒤를 돌아보지 않아도 짧은 머리에 점퍼를 입은 그 아저씨라는 것을 알고 있다. 햇볕이 내리쬐는 마당에 드리운 그림자는 마치 검은 바위 같다. 나는 바위에 갇힌 채 꼼짝도 하지 못하고 앉아 있다.
 "꼬마야, 뭐하니? 그림 그리니?"
 조그맣게 고개를 끄덕인다. 아저씨가 내 앞에 쭈그리고 앉는다. 내 작은 그림자가 그의 신발 아래로 깔린다. 눈을 마주 보지 않았는데도 눈빛이 나를 꿰뚫을 것만 같다. 나뭇가지를 잡은 손이 부들부들 떨린다. 이제 아버지 행방을 물을 것이다. 가슴이 쿵쾅거리기 시작한다.
 "애야, 아버지는 잘 계시니? 요즘 어디 멀리 다녀오신 적은 없고?"

살다 보면 누가 일러주지 않아도 저절로 알게 되는 것들이 있다. 아이라고 다르지 않다. 그리고 그런 일들은 대개 입 밖으로 내기 어렵다. 왜냐하면 그것은 지식이 아니라 직관으로 알게 되는 것들이고, 대개는 드러낼 수 없는 것들이기 때문이다. 예를 들면 출생의 비밀이라든가, 숨겨야만 하는 과거들이다. 직관은 두꺼운 장막을 뚫고 섬광같이 내달려 사실의 전모를 밝힌다. 이해하지는 못하지만 적어도 상황이 어떤지는 감지가 된다.

내가 대답이 없자 아저씨는 주머니에서 사탕 하나를 꺼낸다. 말간 비닐에 싸인 왕사탕이다. 갑자기 입안이 바싹 마른다. 저 사탕을 받고 싶지 않다. 물론 먹지도 않을 거다. 그런데 어느덧 내 손에는 왕사탕이 쥐어져 있다. 그가 다시 한번 나를 뚫을 듯이 바라본다. 질문에 대한 답을 요구하는 눈빛이다. 머릿속이 실타래가 엉킨 것처럼 흐트러진다.

"아니요."

나는 기어들어가는 목소리로 답한다.

"정말? 아버지가 집을 비우신 적이 없어?"

"예."

잠시 말이 없던 아저씨는 나를 바라보는 눈길을 누그러뜨리더니 일어선다. 그림자가 우리 집 마당 안쪽으로 길게 늘어난다. 나도 따라 일어선다. 그는 주머니를 뒤지더니 왕사탕 하나를 더 내 손에 쥐여준다.

"고맙습니다."

절대로 하고 싶지 않은 말을 한다. 얼굴이 뜨거워지고 자꾸만 눈물이 날 것 같다. 빨리 아저씨가 가줬으면 좋겠다. 어서 이 그림자가 우리 집 마당에서 사라졌으면 좋겠다.

아버지를 찾는 사람들은 많았다. 동네 사람들은 동사무소에 신고할 일이 있거나 편지를 쓸 일이 있으면 우리 집을 찾았다. 아버지는 각종 신고서와 편지지에 멋진 펜글씨로 이들의 사연을 적어주었다. 키가 크고 인물이 좋은 아버지를 동네 사람들은 '김 선생님'이라고 불렀다. 매일 신문을 읽고 이런저런 동네일에 곧잘 심판관 역할도 했다. 가끔 보건소에서도 사람들이 찾아왔다. 홍역이 도는 이른 봄철이 되면 보건소에서 맡긴 약병을 따고 아버지는 아이들에게 예방주사를 놓았다. 그럴 때면 엄마가 간호사가 되었다.

찾아오는 사람 중에는 빚쟁이들도 있었다. 크고 작은 사업에 실패한 아버지였다. 눈을 씻고 봐도 돈 나올 구멍이 없는 줄 뻔히 알면서도 그들은 줄기차게 찾아왔다. 누군들 돌려받지 못한 돈이 뼈아프지 않으랴. 그것은 짊어져야 할 마땅한 고통이었으나 나는 그들이 찾아오면 슬그머니 집을 나왔다. 강둑을 찾아 키를 넘는 갈대숲에 들어앉아 핏빛 노을을 바라보았다. 기러기 떼가 끼룩끼룩 울음소리를 내며 저무는 하늘을 날았다.

그러나 이 아저씨는 어떤 부류에도 속해 있지 않다. 무엇을 요청하거나 요구하지도 않는다. 그저 주기적으로 우리 집을 순회하고 어린 나에게 다가와 최근 아버지 행적을 물을 뿐이다. 내가 어떤 대답을 해도 나는 감시자가 되는 것 같다. 내가 줄곧 그를 만나왔다는 것을 아버지는 아실까. 세상이 빙글 한 바퀴 돈다. 나는 질끈 눈을 감는다.

태양이 비추는 사물의 이면에는 반드시 그림자가 생긴다. 해방 후 우리나라가 좌우 이데올로기로 들끓을 때 아버지 나이는 약관 열여덟이었다. 그에게는 대대로 지녀온 가산을 탕진하고 첩 집에 들어앉은 아버지와 모진 지병을 앓는 어머니가 있었다. 뜨거운 혈기는 좌로 기울었다. 불과 일 년 남짓한 잘못이 평생 떼어낼 수 없는 그림자로 남았다. 한국전쟁 참전용사라는 이름마저도 그것을 지우지 못했다.

아저씨가 좌우를 한번 돌아보더니 문도 없는 대문을 나선다. 긴 그림자가 그를 따라 멀어진다. 나는 땀이 흥건한 손으로 여전히 사탕을 움켜쥐고 있다. 이 사탕을 어떻게 해야 할지 모르겠다. 누구도 알아서는 안 되는 비밀을 쥐고 있는 것 같다. 엄마에게도 말할 수 없다. 우리 식구 중 누구도 아저씨와 대적할 수 없다는 것을 안다. 동생들에게 줄 수도 없다. 사탕은 사탕일 뿐이지만, 사탕을 입에 넣는 순간 우리는 아버지를 배신하는 자식들이 된다.

마치 치명적 사건의 결정적 증거를 쥐고 있는 사람처럼 안

절부절못한다. 오늘따라 집 안은 고요하다. 아버지는 일을 찾아 대구에 가셨고 엄마는 동생들을 데리고 시장에 가셨다. 집에 아무도 없는 게 다행이라는 생각이 든다. 사탕만 잘 처리하면 그림자의 흔적은 사라질 것이다.

  나뭇가지로 마당 사철나무 밑을 파기 시작한다. 어제 비가 온 탓으로 쉽게 파인다. 작은 구덩이에 사탕을 넣고 흙으로 덮은 후 표가 나지 않게 마른 잎사귀 몇 개를 올려놓는다. 이제 이곳에 사탕이 묻혀 있다는 사실을 아는 사람은 아무도 없다. 손에 묻은 흙을 비벼 털고 일어서는데, 사철나무 밑으로 내 작은 그림자가 스며든다.

첫사랑

　모든 일에는 중개자가 있기 마련이다. 눈이 동그랗고 피부가 까무잡잡했던 혜경은 나보다 한 살 어린 동네 친구였다. 그녀 집은 동네 맨 위에 있었는데, 일층짜리 양옥이었지만 대문 입구에 커다란 파초 나무가 서 있는 제법 부잣집이었다. 나는 공부를 도와준다는 명분으로 가끔 그 집을 드나들었다. 파초 그늘을 지나며 마주 보이는 창문에 드리운 노란색 커튼은 언제나 조금 열려 있었다. 그 방은 그녀 오빠 방이었다.
　사업을 하는 아버지는 해외 출장이 잦은 모양이었다. 거실 전면을 차지한 장식장에는 각양각색 양주병이 즐비했다. 그 아래에는 기모노를 입은 일본 인형에서부터 허리에 풀치마를 두른 토인 인형까지 줄을 지어 서 있었는데, 세상 인종은 다 모아놓은 것 같았다. 그리고 맨 위 칸에는 검은색 표지에 금박으로 '톨스토이 全集'이라고 쓰인 10권짜리 책 한 질이 꽂혀있었다. 토요일 오후, 그녀와 내가 거실에서 쫀득이를 씹으며 공부하는 척하고 있으면, 오빠는 거실을 가로질러 주방으로 가서 물 한 컵을 들고는 저기 방으로 돌아갔다.

미리 고백하건대 내 관심은 전적으로 오빠가 아니라 《톨스토이 全集》에 있었다. 마치 검은색 법의를 입은 법관처럼 그 책은 높은 곳에서 나를 내려다보았다. 공납금을 내지 못해 일 년밖에 중학교에 다니지 못한 나였지만, 다행히도 그가 러시아 소설가라는 사실은 알고 있었다. 땅거미가 거실로 스며들 즈음, 자리에서 일어서며 다시 금박으로 된 글자들을 올려다보았다. 내 심장이 이유도 없이 고동쳤다.

중독은 무릇 결핍에서 비롯된다. 그 무렵 나는 활자에 중독되어 있었다. 비분한 마음에 엿장수에게 교과서를 넘기면서도 김칫국물로 얼룩진 삼류 소설책은 얻어왔다. 그 책을 반나절 만에 다 읽고 나서, 마치 불가사리처럼 주위의 온갖 활자들을 식독食讀하기 시작했다. 묵은 여성지, 뜬금없는 위인전 그리고 주로 오래된 신문들이었다. 휴지용으로 네모나게 자른 신문지 몇 장을 들고, 맥락 없이 앞뒤로 빽빽하게 들어앉은 활자들을 읽으며 변소에 오래 앉아 있곤 했다.

책을 빌려달라는 내 말에 혜경은 펄쩍 뛰었다. 아버지가 제일 아끼는 책이라 안 된다는 것이었다. 그러나 영리한 그녀는 이내 해법을 찾아냈다. 의자 위에 올라서서 1권을 뽑아내고, 딱딱한 겉꽂이를 감쪽같이 제자리에 꽂아놓았다. 겉으로 보아서는 책이 있는지 없는지 알 도리가 없었다. 그렇게 해서 나는 톨스토이를 만나게 되었다.

활자중독에 빠져 있지 않았더라면 아마도 그 책들을 읽지 못했을지도 모르겠다. 두껍고 반들거리는 표지와는 달리 속은 퍼석한 모조지에 조악하게 인쇄된 활자들로 가득 차 있었다. 그러나 한번 읽기 시작하자 멈출 수가 없었다.《전쟁과 평화》의 난해한 인물 관계도와 혀가 꼬이는 이름들이 도리어 나를 풀 무질했다. 어려우면 어려울수록 좋았다. 지루하고 딱딱하고 방대한 번역체 문장들에 몰두하다 보면 그 시간만이라도 세상에서 도려내어진 것 같은 나 자신을 잊을 수가 있었다. 먼지 낀 조그만 들창이 햇살을 어둑하게 여과하는 단칸방 구석에 웅크리고 앉아서 밤을 새웠다.

4권째인가를 빌려 읽고 있을 때 혜경이가 쪽지를 들고 찾아왔다. 다음 권을 가져갈 테니 뒷산 소등바위 앞에서 만나자는 오빠의 전갈이었다. 우리는 소 등처럼 생긴 바위에 올라앉아 책을 교환했다. 기우는 햇살에 그의 얼굴이 붉게 물들었다. 그러나 그때 나는 이미 안나 카레리나의 비참한 사랑의 결말을 알아버린 뒤였다. 오빠가 한참이나 어린 동생처럼 느껴졌지만, 그런 티를 내지는 않았다. 그는 아직 나에게 몇 번 더 톨스토이를 데려와야만 하는 것이다.

전집 책들 마지막 페이지마다 연혁과 함께 러시아 전통 복장인지 모를 검은 옷을 입고 희고 긴 수염을 늘어뜨린 톨스토이가 의자에 앉아 있는 사진이 실려 있었다. 마지막 권 책장을 덮기 전에 흑백으로 얼룩진 얼굴을 유심히 바라보았다. 어렴풋이 내가 오랫동안 그의 품을 벗어나지 못할 거라는 예감이 들었다.

다시 고백하지만, 그 품은 결코 아늑하지도, 달콤하지도 않았다. 고통스러웠고, 읽어갈수록 크기가 커졌다. 도저히 감당할 수 없는 무자비한 힘과 권력에 의해 찢기고 짓이겨진 인생이 즐비했다. 인간의 총체적인 고통이 톨스토이를 통해 내게 전이되었다. 《부활》의 카투사가 맨발로 눈길에 끌려가는 심상이 떠오르면 격렬한 통증이 달려들었다. 그럴 때마다 심연으로 침잠했다.

세상이 이전과는 다르게 느껴졌다. 친구들과 노는 것도 시큰둥해지고 신문을 읽는 것도 시들해졌다. 삶의 이면에는 결코 떨칠 수 없는 짙은 그늘이 생긴다는 것을 알았다. 저마다의 인생에 드리워져 어른거리는 부조리와 폭력이 보였다. 세상에서 알록달록한 색이 사라지고, 무채색이 늘어났다. 그즈음부터 어둠이 스미는 낯선 골목길을 헤매며 홀로 한없이 걷기 시작했다.

몇 번 쪽지가 외면당하자 오빠는 우리 집을 찾아왔다. 나로서는 톨스토이 전집을 다 읽었으니 더 이상 쪽지에 응할 필요가 없었다. 그는 나를 보더니 냅다 뺨을 때렸다. 평생 처음이자 마지막으로 맞은 따귀였다. 어안이 벙벙했다. 오빠는 "다시는 너를 만나지 않겠어."라며 마치 연극 대사 같은 말을 뱉고는 씩씩거리며 사라졌다. 지금 생각해 보면 내 사랑을 위해 다른 사람의 사랑을 이용한 셈이니 딱히 변명할 말이 없기는 하다.

무엇이든 처음이 중요하다. 그렇지 않아도 가뜩이나 제도권에서 소외되어 있던 나는 점점 더 이방인이 되어갔다. 영어와 수학을 배울 시간에 톨스토이를 사랑한 죄는 평생을 따라다녔다. 인생행로조차 순조롭지 않아 시베리아 찬바람이 부는 시린 세월을 오랫동안 살았다. 하지만 눈가에 잔주름이 가득한 지금도 문득 그때를 떠올리면 나직이 가슴이 뛰는 것은 무엇 때문일까. 아무래도 첫사랑이란 쉬이 잊히지 않는 것인가 보다.

몸짓

그해 1월, 우리 집 단칸방에 달력 하나가 걸렸다. 손끝이 스치기만 해도 우수수 시멘트 가루가 떨어지는 벽에 발라진 얇은 벽지에는 희미한 회색 꽃무늬가 엇갈리며 그려져 있었다. 그 벽지에 빈대 자국 같은 붉은 녹물을 남기며 박힌 못에 기다란 달력 열누 상이 설뒀다.

보통은 국회의원 얼굴이 동그랗게 실린 벽보 같은 커다란 한 장짜리 달력이었지만, 어쩌다 색색 한복을 입은 여인들이 절을 하거나 그네를 타거나 하는 달력이 걸리기도 했다. 운이 좋은 해는 아랫동네 쌀가게에서 주는 하루에 한 장씩 뜯어내는 일일 달력이 걸리기도 했다. 그런 해는 노상 가게에서 외상으로 쌀을 가져오던 어머니가 설을 맞아 어쩌다 외상값을 다 갚은 해였다. 어쨌든 나는 벽에 걸린 그 긴 달력이 무척이나 마음에 들었다.

달력에는 발레를 하는 여인이 한 손을 들어 올리거나, 아니면 두 손을 모으며 뛰어오르거나, 또는 한 손과 한 발을 뻗으며 날아오르는 자세를 하고 있었다. 하얀 새털로 만든 것 같은 발레복을 입은 그녀들은 새까만 종이에 도드라지게 인쇄되어 있었는데, 마치 아득한 허공에서 춤을 추는 것처럼 보였다. 그녀들은 희고 푸르고 붉은 조명을 받고 있었다. 나는 틈만 나면 벽에 붙어 서서 달력을 넘기며 그녀들을 감상했다. 그녀들은 인간 세상과 천국, 그 중간 어디쯤 존재하는 것 같았다.

현실도 아니고, 그렇다고 현실이 아닌 것도 아닌 그 장면들은 얼마 있지 않아 나에게 보다 생생한 화면으로 다가왔다. 동계올림픽 여자 피겨스케이팅 장면이 TV 화면에서 녹화 중계되었다. 이번에는 달력에 있던 발레리나들이 스케이트를 신고 얼음판을 누비고 있었다. 경기장에 흐르는 음악과 조명을 받아 반짝이는 장식이 달린 예쁜 의상과 얼음판을 지치는 소리가 한데 어우러져 긴장되면서도 신비한 분위기를 연출했다.

낡은 TV 화면 속에서는 내 나이 또래 어린 선수들이 날카롭고도 여려 보이는 스케이트 날 위에서 균형을 잡으며 음악에 맞춰 연기를 했다. 내 눈에는 그녀들 연기가 비할 데 없이 우아한 춤으로 보였다. 점프를 위해 솟구치며 발이 얼음판에서 떨어질 때면 숨이 멎었고, 몇 바퀴를 돈 뒤 착지하는 순간에는 심장이 터질 것 같았다. 비록 흑백 화면이었지만 내게는 너무나 아름답고 찬란한 장면이었다.

당시 나는 세상과 단절된 채 낮이면 낮잠을 자고, 밤이면 밤잠을 자며 지내고 있었다. 낮에는 좁은 단칸방을 청소하고, 동생들을 챙기고, 정리할 것도 없는 부엌세간을 정리했다. 나름 할 일이 있었지만, 이상하게도 낮은 늘 공허했다. 중학교를 중퇴한 후로는 밖에 나가지 않았으므로 종종 벽을 향해 웅크리고 낮잠을 잤다. 밤에는 고된 노동으로 하루를 마친 어머니의 앓는 소리와 그 소리를 숨죽이며 듣고 있는 아버지의 숨소리를 들으며 밤잠을 잤다. 자면서도 어금니를 앙다물거나 엄지발가락에 잔뜩 힘을 주고 벽을 밀어댔다. 마치 고치 속 애벌레 같았다고나 할까. 그러나 식구 중 아무도 내가 고치 속에서 얼마나 몸부림치고 있었는지를 아는 사람은 없었다.

저녁에 본 화면의 잔영 때문인지 그날 밤 나는 자다가 문득 눈을 떴다. 달력에서 춤을 추는 발레리나가 희미하게 보였다. 장지문에는 현관 널빤지 틈으로 비쳐 는 낮빛이 알 수 없는 무늬를 새기고 있었다. 정월 보름이 며칠 지난 뒤였다. 두꺼운 솜이불 밖으로 동생들 맨발이 나와 있는 게 보였다. 슬며시 일어나 솜이불을 밀어 발을 덮어주고 밖으로 나왔다.

찬 기운이 쨍하게 얼굴을 엄습했다. 두 볼이 순간적으로 얼어붙는 것 같았다. 밤하늘에는 한쪽이 이지러진 달이 중천에 떠 있었다. 푸르스름한 달빛이 소박한 사람들이 이마를 맞대고 사는 낮은 슬레이트 지붕을 비추었다. 마당 구석에 쌓인 눈더미가 푸른 달빛을 되쏘고 있었다. 달빛은 깨진 유리창에 붙여놓은 비닐에도, 늘어진 빨랫줄에도, 문도 없는 대문 기둥 옆에 있는 녹슨 드럼통에도, 아마도 밥알과 김치 찌꺼기가 얼어붙어 있을 수채에조차도 푸른 물감을 뿌렸다. 누추하고 초라한 마당에 푸른 물감이 스미자 마당은 마치 조명을 받은 무대 같아 보였다. 내 눈앞에 푸른 무대가 둥실 떠올랐다. 나는 두 눈을 감고 한 발을 뗐다.

　달밤의 체조란 이런 것을 보고 하는 말이리라. 달력 속 발레리나 화면 안 스케이터라도 된 것처럼 팔다리를 휘저으며 춤을 췄다. 두 귀에는 저 멀리 아득한 은하수에서 흘러나오는 음악 소리가 가득했다. 두 발로 허공을 딛고 손끝으로 달빛을 감치며 너울거렸다. 순간순간 황홀하고 저릿한 느낌이 온몸을 훑고 지나갔다. 누구도 보지 않는 곳에서 아무것도 목적하지 않은 그 행위가 더없이 나를 행복하게 했다. 눈을 감고 발을 들어 올리다가 수채 옆에 놓여 있는 양은 세숫대야를 냅다 걷어차기 전까지는.

　"와장창" 밤하늘이 무너지는 소리에 소스라치게 놀라며 주저앉고 말았다. 음악도 그치고 푸르던 달빛도 하얗게 말라버렸다. 정신을 차리고 올려다보니 빨간 내복에 털신을 신은 한 소녀의 희한한 몸짓을 보며 웃음을 참느라 중천에서 조금 기운 달은 더욱 이지러져 있었다.

　요즘도 가끔 김연아 선수의 피겨 스케이팅 장면을 동영상으로 찾아보곤 한다. 전성기 시절 모습도 좋지만, 검은 머리를 뒤로 묶고 입에는 치아 교정기를 낀 열댓 살쯤의 김연아 모습을 더 좋아한다. 넘어졌다 다시 일어나는 뒷모습에서 그림자처럼 따라붙는 몸짓을 본다. 몸부림치며 고치를 뚫고 나와 비상하기 전까지의, 아직은 위태하고 설익은, 춤을 향한 멈출 수 없는 그 몸짓을 사랑한다.

 한 시대의 현자인 라즈니쉬는 삶은 춤이라고 설파했다. 그러나 평생을 통해 내 몸짓은 끝내 춤이 되지 못했다. 몸부림과 춤의 중간에서 늘 어설픈 몸짓만을 계속해왔을 뿐이다. 하지만 옛날 그날처럼 유난히 달빛이 푸르른 밤에는 무엇이라 칭할 수도, 무어라 의미 지을 수도 없었던 몸짓들이 결국은 이 세상에서 너울거린, 어쩔 수 없는 나의 춤이었다는 것을 깨달을 때가 있다. 너무나 부끄러워 글로밖에 쓸 수 없는.

살래

 그것으로부터 바람이 불어왔다. 머리카락 한 올 날리지 않는데도 나도 모르게 앞섶을 여미었다. 먼 세월 저편에서 묵직하게 밀려오는 조류 같은 바람이었다. 마치 만조처럼 바람은 내 무릎을 적시고 가슴까지 차올랐다.
 현관 앞에서 돌아가는 택배 아저씨에게 차가 집 안까지 들여놓아 달라고 부탁하지 못했다. 나무 찬장이라고 하던데 혼자 힘으로 들 수 있을까 하는 생각이 들었다. 특별한 인연으로 제주도에서 보내온 물건이었다. 첫 수필집을 출간한 즈음이었는데, 여러 가지로 부담되는 선물이어서 한사코 사양했지만, 기어코 내 앞으로 배달이 되고 말았다. 물건에도 거부할 수 없는 인연이 닿는 모양이었다.
 그것은 생각보다 가벼웠다. 숨을 멈추고 힘껏 들어 올리자 덜렁 바닥에서 몸을 뗐다. 테이프를 뜯고 상자를 벗겨내자 뽁

뽁이 비닐이 한 겹을 더 둘러싸고 있었다. 비닐마저 풀어내니 자그마한 체구의 나무 이층장이 모습을 드러냈다. 옛날부터 제주도 부엌에서 찬장으로 쓰였던 '살래'라고 했다.

　순간 한 걸음 뒤로 물러났다. 그때 묵직한 바람이 내 가슴을 밀치고 지나갔다. 한 오백 년은 산 할망 같았다. 깊은 주름살이 온몸을 덮고 있었다. 왠지 똑바로 바라보기가 어려웠다. 나는 잠시 몸을 외로 틀고 있다가 살래 앞에 두 무릎을 끌어안고 마주 앉았다.

　이층장 문짝에는 골골이 패인 주름이 가득했다. 간혹 오래된 나무판자에 자연적으로 양각된 결은 보았지만 이렇게 모질게 주름으로 덮인 것은 본 적이 없었다. 아예 여지가 보이지 않았다. 손톱만 한 편편한 자리도 찾을 수 없었다. 제주 바람에 살이 발려 바싹 마른 문짝에는 뒤틀리며 패인 상처 같은 주름들이 새겨져 있었다. 작은 틈새가 질곡처럼 다가왔다. 나무에 뼈가 있다면 아마도 주름 위로 심줄처럼 도드라진 저 무늬들일 것이다. 갑자기 숨쉬기가 거북해졌다.

　게다가 찬장 상판은 마치 나무 화석 같았다. 그 작은 나무판이 어둠에 잠긴 제주 바닷가 넓은 바위를 연상시켰다. 그러나 바위도 편안하지 않기는 매한가지였다. 패이고, 닳고, 모서리는 깨져 있었다. 이리저리 기울고 거친 암갈색 상판이 억겁 세월이라도 건너온 듯 아득한 표정으로 나를 바라보았다. 또다시 밀도 높은 바람이 다가왔다.

일 년에 한 바퀴, 태양 주위를 돌아야 하는 시간에서는 늘 바람 냄새가 난다. 바람은 시간을 실어 나르고, 흔적을 남긴다. 사라진 시간은 바람이 관통한 사물들에 켜켜이 깃들어 있다. 제주 바람은 살래에 고스란히 제 서사를 남긴 것 같았다.

굳이 한반도 역사를 끌어오지 않더라도 척박했던 그 섬에서 살아간다는 건 오랫동안 가슴 시린 일이었다. 더구나 자식들을 끌어안고 살아남아야 했던 어미들 삶에 있어서야. 먹고 살아야 한다는 피할 수 없는 명제와 맞닿은 살래 앞에서 패이고 갈라진 가슴들을 떠올리지 않을 수 없었다. 순간 눈꺼풀이 뻑뻑해지고, 두꺼운 어둠이 눈앞을 가렸다.

시장통 불빛이 하나둘 꺼지자 사방이 깜깜해졌다. 행인들도 뚝 끊겼다. 버스 정류소 표지판 앞에서 아무리 애타게 기다려도 다음 버스는 오지 않았다. 사방이 진공이 된 것처럼 적막해지고 문득 정류소에 나 혼자 남아 있다는 것을 깨달았을 때, 그제야 붉은 후미등을 흔들며 아스라이 멀어지던 바로 앞차가 막차라는 것을 알았다.

오늘도 엄마는 돌아오지 않았다. 시장통을 거쳐 보리밭을 지나고 언덕을 넘어 산 아래에 있는 집까지, 열네 살의 나는 가로등도 없는 밤길을 걸었다. 내 발밑에서 어둠이 허물어져 내리고 있었다.

집으로 돌아와 잠든 동생들이 깰까 조심스레 부엌문을 열었다. 깜깜한 부엌에 앉아 있는 찬장이 어슴푸레하게 보였다. 간

유리로 된 미닫이문이 달린 이층 찬장이었다. 수도도 없고 부뚜막도 없는 부엌 한구석, 석유난로 옆에 덩그러니 놓여 있는 찬장을 열어보았다. 국수가 반 다발가량 남아 있었다. 마지막 양식이었다. 다시 깜깜한 어둠이 내 눈앞을 막아섰다.

그때의 어둠은 너무도 깜깜해서 그 후 일들을 드러내지 않는다. 타지로 돈 벌러 떠난 아버지를 찾으러 간 엄마가 얼마 만에 집으로 돌아왔는지 기억에 없다. 집과 정류장, 왕복 이십 리가 넘는 밤길을 얼마나 걸었는지도 생각이 나지 않는다. 그동안 나와 동생들은 어떻게 살았을까. 도무지 아무것도 떠올릴 수가 없다.

엄마가 돌아왔어도 찬장은 채워지지 않았다. 언덕 아래 쌀가게에서 외상을 긋고 가져온 봉지 쌀은 찬장에 들어가기가 무섭게 바닥을 보였다. 옆집 할머니에게 빌린 국수 다발은 엄마 몫을 삶지 않아도 찬장에 남아 있지 않았다. 간혹 잔돈푼을 찬장 구석에 감춰 놓았지만, 그것은 결코 목돈이 되지 못했다. 그 세월 속에서 엄마 가슴은 패이고 갈라지고 말라버렸다.

깊은 병을 얻은 엄마는 겨우 오십을 넘기고 돌아가셨다. 이사 가면서 찬장은 버려졌다. 이미 바닥이 내려앉고 문짝이 뒤틀린 뒤였다. 끝내 한 번도 속을 채우지 못했던 우리 집 찬장은 그렇게 사라졌다.

살래 문을 열어보았다. 텅 빈 가슴에 어둠이 고여 있었다. 손을 넣어 더듬어보았다. 아무것도 잡히지 않았다. 갑자기 살래가 내게 온 이유를 알 것 같았다. 황급히 일어나 내 수필집 한 권을 가져와 넣고 문을 닫았다. 내가 엄마에게 드릴 수 있는 것은 그것뿐이었다.

　살래를 햇살이 잘 비치는 거실 창가에 놓았다. 예쁜 화분도 하나 올려놓았다. 햇살이 상처 사이로 스며들었다. 주름투성이 살래가 조금씩 반짝거리기 시작했다. 눈물을 씻고 다시 바라본 살래는 햇살 아래에서 너무나 아름다웠다.

손수건

 긴 나무 의자 한쪽에 손수건이 놓여 있다. 청회색 바탕에 흰 꽃무늬가 눈에 띈다. 시골 역 플랫폼에는 저 멀리 학생 두엇이 기차를 기다리고 있을 뿐 무심한 오후 햇살만이 옆자리를 차지하고 있다. 이리저리 둘러보아도 임자인 듯한 이는 눈에 띄지 않는다. 왠시 반듯하게 집힌 네 귀에 자꾸 시선이 미문다. 무슨 사연이 있을 것 같은 괜한 생각을 한다. 흘린 편지를 줍듯 손수건을 주워 든다.
 초등학교 입학식 전날, 어머니는 하얀 포플린 천을 잘라 손수건을 만들었다. 사방 한 자 남짓한 정사각형 가를 공굴리기로 꼼꼼히 바느질한 뒤 가로로 두 번, 세로로 한 번 접어 다리미로 꾹 눌렀다. 그러고는 입학식 때 입기 위해 사놓은 노란색 원피스 앞섶에 옷핀으로 달아 두었다.
 손수건은 무슨 패스포트인 양 학교 정문을 통과하는 아이들 가슴에 당당하게 달려 있었다. 크기는 조금씩 달랐지만 모두 흰 손수건이었다. 어머니는 미리 배정된 반 팻말 앞에 줄지어 서 있는 내게로 다가와 옷매무새를 반듯하게 만져주었다. 나는 알 수 없는 설움에 떨리는 손으로 어머니 치맛자락을 잡았다. 어머니는 이런 마음을 알았는지 손수건을 쓸어내리던 손으로 머리를 쓰다듬어 주었던 것 같다.

  선생님은 코를 흘리거나 더러운 얼룩이 묻었을 때 깨끗하게 닦기 위해 손수건을 달고 다닌다고 했다. 늘 코를 찔찔 흘리던 내 친구는 콧물이 굳어 꼬깃꼬깃해진 손수건으로 연신 코를 닦아댔다. 늘 보아오던 친구 얼굴에 묻은 콧물이 처음으로 더럽다는 생각이 들었다. 학교에 오기 전 동네 공터에서 어울려 놀 때는 콧물 같은 것은 문제가 되지 않았다. 너나없이 소매 끝으로 쓱 닦으면 그만이었다. 소매 끝이 콧물로 반질반질해져도, 허연 콧물 자국이 얼굴에 남아 있어도 우리는 신이 나기만 했다. 그러다가 서로 얼굴을 쳐다보고 깔깔대며 웃곤 했다.

  그런데 이제는 더 이상 웃을 수가 없었다. 학생이 되었기 때문인지도 몰랐다. 학생은 콧물 자국이나 더러운 얼룩을 남에게 보여서는 안 되나 보았다. 어쩌면 손수건으로 닦는 그 순간부터 그런 것들은 부끄러운 일이 되어버렸는지도 모르겠다.

  학생이 된다는 것은 부끄러운 일이 자꾸만 생기는 것을 의미하기도 했다. 설탕보다도 달콤한 아침잠, 배고픈 것도 잊게 하는 만화책, 혼자만의 상상에 빠져 무심코 지나쳐버린 선생님, 친구들과 놀다가 미처 다하지 못한 숙제들이 학교에서는 수시로 부끄러운 일이 되었다. 붉은 작대기가 비 오듯 그어진 시험지, 납부하지 못한 공납금 봉투, 한 번에 다 외우지 못한 국민교육헌장 때문에 복도에서 벌을 설 때면 괜히 눈물이 나기도 했다. 어머니는 이런 것들을 이미 다 아시고 손수건을 달아주었던 것일까.

언제까지 손수건을 달고 다녔는지는 기억나지 않지만, 언젠가부터 늘 손수건을 가지고 다녔다. 처음 구두를 신고 외출한 날 버스 정류장에서 넘어졌을 때 황망히 일어나 무릎에서 흐르는 피를 남몰래 닦은 것도 손수건이었다. 상사에게 꾸지람을 들은 날, 친구와 오해를 끝끝내 풀지 못한 날, 막연한 연정이 사랑이었음을 그 사람이 떠난 뒤에야 깨달은 날, 헤아려보면 밤하늘 별만큼이나 무수한 날들의 아픔과 상실의 얼룩들을 그 가벼운 몸피로 남몰래 닦아주었다.

얼룩을 지우는 걸로는 걸레만 한 것이 없다. 걸레는 대범하다. 웬만큼 큰 얼룩에는 눈도 꿈쩍이지 않는다. 망설임 없이 힘껏 북북 문질러 깨끗이 지워버린다. 하지만 너무 적나라하다. 한쪽에 씩씩거리며 널브러진 걸레는 얼룩이 얼마나 더러운 것이었나를 가감 없이 보여준다. 도무지 배려하는 마음이 없다. 상대방이야 수치심을 느끼든 말든 자기 역할에만 충실하다.

충실하기로는 수건도 만만치 않다. 그러나 수건은 걸레와는 달리 적절히 조절할 줄 안다. 성실한 집사와도 같다. 그런데 좀 메마른 느낌이다. 수건으로 닦고 난 뒤 뽀송한 느낌은 개운하면서도 어쩐지 허전하다. 비록 얼룩이었으나 흔적마저 사라져버려 추억할 길조차 없어진 서운함이라고나 할까.

  손수건은 조용하다. 탓을 하지도 않거니와 편을 들지도 않는다. 그저 묵묵히 위로를 건넬 뿐이다. 차마 남 앞에서 드러낼 수 없었던 얼룩들을 속 깊은 누이처럼 닦아주고 덮어준다. 그리고 다시 네 귀를 반듯하게 접어 비밀을 드러내지 않는다. 그렇더라도 집에 돌아와 빨려고 펼쳐 들었을 때는 어김없이 남아 있는 체취와 흔적들로 그 순간들을 기억하며 자신을 돌아보게 한다.

  바람에 흔들리는 버들잎처럼 그저 물살에 몸을 맡기고 흔들리는 것으로써 남아 있는 얼룩의 잔영들을 씻어낸다. 충분히 품었으므로 미련은 없다. 이제 손수건은 처음 가슴에 달았던 것처럼 깨끗해진다.

  한가로운 오후, 햇살만이 가득한 시골 역 플랫폼에서 우연히 발견한 손수건 한 장을 들고, 이 가벼운 것을 들고 기차가 도착할 때까지 긴 생각을 하고 있다.

시간을 맞추다

 비록 아인슈타인의 '상대성이론'을 모르더라도 나는 일찍이 상황에 따라 시간이 다르게 흐른다는 것을 알고 있었다. 그것을 깨달은 장소는 부산역 광장이었다. 역 광장에는 커다란 시계탑이 서 있었는데, 초침이 어찌나 굵은지 내 팔뚝만 했다. 시간을 끌고 가는 기중기처럼 초침은 힘겹게, 그러나 설도 있게 한 칸씩 앞으로 나아갔다.
 사람들은 시계탑 앞에서 잠시 누군가를 기다리거나, 힐끗 한번 올려다보고는 그 앞을 지나갔다. 기차를 타려는 사람은 바쁜 걸음을 재촉했고, 기차에서 내린 사람은 비교적 여유 있는 발걸음으로 걸었다. 둥근 역 광장에는 제각각 다른 간격으로 찍힌 발자국들이 시계탑을 중심으로 둥글게 돌아가고 있었다.
 기차를 타기 전날 밤에는 꼭 기차를 놓치는 꿈을 꾸었다.

출발 시간은 다 되어가는데 아무리 뛰어도 역 광장을 벗어날 수가 없었다. 때때로 안개가 자욱하거나, 갯내를 품은 거센 바람이 불기도 했다. 어쩔 줄 몰라 하며 안간힘을 썼지만, 어깨에 멘 가방은 돌덩이 같았고 신발 바닥은 땅에 뿌리라도 내린 듯 떨어지지 않았다. 비록 꿈속이었으나 순간 내 시간이 멈추었다는 것은 알았다. 역 광장에 돌섬처럼 굳어진 내 주위로 시간이 조류처럼 빠르게 지나갔다. 마침내 기적이 울리고 기차가 떠났다. 순간 시계탑을 올려다보았는데, 초침이 째깍하며 가윗날처럼 나를 꿈속에서 오려냈다. 나는 진땀을 흘리며 꿈에서 깨어나곤 했다.

어둑한 방 윗목에 미리 싸놓은 가방이 보였다. 창호지를 통과하며 한 겹 풀어진 여명이 작은 어깨를 어루만지고 있었다. 초등학교 1학년, 내가 기차를 타고 처음으로 서울에서 부산까지 홀로 여행한 그날은 막 여름방학이 시작된 때였다. 이른 새벽인데도 영등포역은 사람들로 북적였다. 외할아버지는 긴장으로 축축해진 내 손을 꼭 쥐고 절대 낯선 사람을 따라가면 안 된다며 거듭 일렀다. 내 옆에는 대구까지 동행해줄 이웃 아주머니가 서 있었다. 그녀는 대구에 있는 친정에 가는 참인데, 거기까지 가는 동안만이라도 어린것을 돌보아 달라고 부탁한 것이다. 영등포 역사 안에도 커다란 시계가 걸려 있었다.

플랫폼에서 기차를 기다리는 회상을 할 때면 마치 풀잎에 손끝을 베인 것처럼 아릿한 통증이 인다. 그때의 시간이 바람에 일어서는 풀잎이 되어 여리고도 예리한 날을 들이댄다. 그러고 보면 모든 시간이 물 흐르듯 흘러가버리는 것은 아니다. 시간이 고인 움푹한 웅덩이로 기차가 들어오고 있다. 기다림의 두꺼운 장막을 뚫고 기차는 용맹하게 달려온다. 이제 손을 놓으면 저 선로처럼 다시는 만날 수 없을 것 같아 사람들은 허둥거리기 시작한다. 누군가는 눈물을 찍어낸다. 나는 외할아버지 손을 놓고 김밥과 삶은 달걀이 들어 있는 보퉁이를 움켜잡는다. 기차가 떠나자 그들이 붙잡고 있던 시간이 부들부들 떨어져 나간다.

당시 서울에서 부산까지는 열두 시간이 걸렸다. 연착도 잦았으니 정확한 가늠은 할 수 없었다. 부산역에 내리면 시계 시침이 한 바퀴를 돌아 있었다. 겉으로는 제자리인 셈이다. 하지만 내막을 살펴보면 마주 보이는 대척점, 찰나 개념인 시각 관점에서 본다면, 아무리 손을 뻗어도 노서히 가닿을 수 없을 것 같았던 그곳에 이르게 한다. 오전은 오후가 되고, 낮은 밤이 된다. 수레에 해를 싣고 동쪽에서 서쪽으로 달리는 제우스의 화차처럼 기차는 나를 싣고 달렸다. 그리고 한 세계를 가로질러 또 다른 세계에 갖다 놓았다.

집안 사정으로 초등학교 6년 동안 서울과 부산을 네 번 오가며 전학을 다녔다. 두 도시는 사이에 가로놓인 열두 개 눈금만큼이나 떨어져서 마주 보는 대척점에 있었다. 우리 집이 변두리여서 더욱 그랬겠지만, 부산에서의 시간은 검고 느리고

시간을 맞추다　75

푸근했다. 볕에 까맣게 탄 사내아이들이 보리밭을 지나며 나를 향해 "서울내기, 다마내기"라고 놀려댔다. 그러면서 내 가방을 낚아채 우리 집 마루에 가져다 놓았다. 서울에서의 시간은 희고 빠르고 메말랐다. 점심이면 홀로 학교 창고를 찾아 한 뼘 남짓 그늘이 생기기 시작한 벽에 몸을 붙였다. 그러고는 시간이 햇살을 업고 하얗게 튕겨 오르며 맹렬하게 운동장을 가로지르는 것을 바라보았다. 부산에서 아이였던 나는 서울에 가면 애어른이 되곤 했다.

때때로 휘어진 선로를 지날 때 기차가 허리를 비틀며 기적을 울리는 것을 들었다. 차창에 눈을 대고 길게 휘어져서 따라오는 기차 꼬리를 바라보았다. 그런 때면 시간도 휘어지는 듯했다. 부산에서 서울로 올라갈 때는 탱탱하게 감긴 태엽이 돌연히 풀리듯 시간이 쏜살같이 가는 것 같기도 했다. 이따금 역방향 좌석에 앉아서 앞으로 토해지는 풍경을 보면 더욱 그런 생각이 들었다. 그렇게 서울에 도착하면 마치 종이가 접히듯 족히 몇 년은 훌쩍 접혀 있었다.

이제 세상은 빨라졌다. 지금은 KTX를 타면 서울에서 부산까지 두 시간 남짓밖에 걸리지 않는다. 예전에 경험했던 그런 낙차를 느끼기는 어렵다. 빠른 속도를 타고 서로 시간이 맞추어진 셈이다.

북한이 서울 표준시에 맞춰 시간을 30분 앞당긴다고 한다. 남북한 선로가 연결되어 기차를 타고 북한을 여행할 수 있는 날이 가까워지고 있다. 반세기가 고여 있는 북한 어느 도시 플랫폼으로 기차가 들어오고 있다. 풍덩 기차 바퀴가 고인 시간을 가르면, 그 파랑에 기다리고 섰던 사람들이 한 걸음 뒤로 물러난다. 그곳 역사에도 커다란 시계는 걸려 있을 것이다. 그 시계 시침이 째깍 힘차게 팔을 뻗는 상상을 한다.

발톱을 깎으며

 자라나는 모든 것에는 욕망이 있다. 그 욕망이 발끝까지 이르러 발톱이 자랐다. 신문지를 펴고 손톱깎이의 새침한 이빨 사이로 두꺼운 발톱을 밀어 넣는다. 한입 가득 뱉을 수 없는 욕망을 물어버린 손톱깎이가 이를 앙다물며 발톱을 잘라낸다. 거칠게 잘린 조각이 저만치 날아간다.
 뿌리에서 풀려나며 그것은 덧정도 없다는 듯 사라져버린다. 삭월 밤하늘로 몸을 숨긴 그믐달처럼 희끄무레한 장판 위를 아무리 찾아봐도 보이지 않는다. 잘릴 줄 알면서도 자라기를 멈출 수 없었던 욕망의 서러운 부스러기다.
 잘린 단면을 손끝으로 쓸어본다. 그지없이 까칠하다. 어렵사리 바깥으로 밀어낸 가장자리가 부질없이 잘려 나간 것에 대한 항변일까. 끝부분은 바짝 날조차 서 있다.
 그도 그럴 것이 언제나 앞이 가로막혀 있었던 발톱이 아닌

가. 양말이나 신발은 발톱이 자라는 것을 반기지 않았다. 특히 구두의 좁은 코는 딱딱한 형틀처럼 죄이며 압박했다. 하나같이 그들은 이렇게 주문했을지도 모르겠다. 자라지 마라. 드러내지 마라. 너에게는 자신을 충족시킬 권리가 없다.

 한밤이 되어서야 겨우 자유를 얻는다. 주인마저 깊은 잠에 빠져든 어둠 속에서 은밀한 욕망을 키운다. 낮 동안 단단히 가로질러 놓았던 걸쇠가 풀리고, 욕망의 성장판이 열린다. 의식이 심해 상어처럼 무의식 저변으로 가라앉고, 아침이 되어서도 기억할 수 없는 무수한 꿈들을 먹고 자란다. 꿈들로 다져져 화석같이 단단해진 발톱이 밤마다 조금씩 바깥으로 가장자리를 밀어낸다.

 어머니가 평상에 치마를 펼치고 앉았다. 펼쳐진 월남치마에는 희고 붉은 꽃무늬가 가득했다. 햇살을 이고 마당을 뛰어다니던 나와 친구들은 어머니 앞에 줄을 섰다. 날개에 꽃무늬가 새겨진 손톱깎이를 들고 있는 어머니는 바리캉을 들고 주기적으로 마을을 찾는 이발사 아저씨처럼 눈을 가늘게 뜨고 우리를 바라보았다. 환한 햇살 사이로 묘한 긴장감이 흘렀다. 어쨌거나 몸 밖으로 자라나는 신체 일부를 잘라내는 일이 아니던가. 우리는 괜히 옷매무새를 바로잡았다.

 손톱을 깎을 때까지는 스스럼없이 손을 내밀던 친구들도 발을 내밀 때는 조금씩 부끄러워했다. 어머니는 꼼지락거리는 발을 확 끌어당겨 꼼꼼하게 발톱을 깎았다. 모양을 보아가며 양쪽 홈 진 부분도 적당하게 잘라냈다. 발가락 끝 뭉툭한 살점 사이에 낀 새까만 때도 손톱깎이의 작은 칼을 이용해 말끔히 파냈다. 정말 개운했다. 어머니는 다 깎은 두 발을 가지런히 놓게 하고, 만족한 표정을 지으며 발끝을 수건으로 쓱쓱 닦았다. 그러고는 치마를 털어 잘린 부스러기들을 한 손에 모아 싸쥐고는 자리에서 일어났다. 그것들은 함석 아궁이에 던져질 것이었다.

갑자기 목욕이라도 한 것처럼 온몸이 노곤해졌다. 그 속에서 지난밤 점이 언니가 들려준 이야기를 생각했다. 한밤에 손톱이나 발톱을 깎으면 부모님이 일찍 돌아가신다고 했다. 잘린 부스러기를 찾지 못하면 시궁창 쥐가 그것을 먹고 또 다른 나로 살아간다고도 했다. 이야기를 들으며 우리는 서로 바짝 붙어 앉았다. 세상에 나와 똑같이 생긴 다른 사람이 있을 수 있다는 생각만으로도 소름이 끼쳤다. 게다가 어느 날 그 사람이 불쑥 나타나 나를 쫓아낼 수도 있다는 것이다. 그럴 때는 무엇으로 내가 나임을 증명할 수 있을까 곰곰이 생각하니 울고 싶어졌다.

우리 반응을 재밌어하며 이야기를 계속하던 점이 언니가 돌연 목소리를 낮추었다. "밤에 이상한 생각을 많이 하면 발톱이 빨리 자란대." 이상한 생각이란 무엇일까, 알 듯 모를 듯했다. 우리 중 몇은 고개를 숙이고, 나머지는 멀뚱하니 점이 언니를 쳐다보았다. 나는 치마를 끌어내려 드러난 발을 덮었다.

발톱 깎는 것을 익히기는 매우 어려웠다. 왼손으로 오른손 손톱을 자를 수 있게 되고 나서도, 한동안은 발톱을 제대로 깎을 수 없었다. 우선 손톱보다 두껍고 단단했다. 손톱깎이 날에 방향을 맞추어 끼워 넣는 것이 힘들었다. 날개를 눌러 미끄러지지 않고 자르려면 꽤 강한 악력도 필요했다.

처음으로 혼자서 발톱을 깎을 수 있게 되었을 때 작은 희열을 느꼈다. 그 일련 동작들은 몸의 유연성과 균형감각, 힘 조절 등이 조화를 이루어야 비로소 가능했다. 다루기 어려운 문제를 해결할 수 있는 기술 하나를 익힌 기분이었다. 이제 발톱이 자라나도 걱정할 필요는 없었다.

발톱은 무의식적으로 자랐다. 손톱이 여러 번 자기 존재감을 과시하는 동안 석순처럼 아주 조금씩 자랐다. 간혹 나는 그것들이 내 몸 밖으로 여과되지 못한 욕망의 침전물이 굳어 버린 것은 아닐까 생각하곤 했다. 등을 구부려 자라난 발톱을 깎고 나면, 나 스스로 다시 곧은 선 안으로 가지런히 정렬한 느낌이 들었다.

발톱을 깎는 것은 내 몸 가장 낮은 가장자리까지 밀려난, 결코 만월이 되지 못할 잔여의 욕망을 조용히 잘라내는 일이다. 잘라내어도 다시 자라날 터이지만, 깎아야만 하는 것이었다. 그저 욕망 부스러기가 잘려 나갔을 뿐인데, 새뜻하니 온몸이 가볍다.

미싱과 타자기

 문은 쉬이 열리지 않는다. 경첩에 박힌 못에 녹이 슬어 있고, 자물쇠는 조금도 틈을 보이지 않겠다는 듯이 입을 꽉 다물고 있다. 푸른 얼룩이 진 열쇠 뭉치 중 어느 것도 그 마음을 풀지 못한다. 장도리가 동원되고 작은 해머까지 나선 후에야 경첩이 빠진다. 뻑뻑한 문을 밀치자 매캐한 먼지와 함께 갇혀 있던 시간이 왈칵 쏟아진다.
 방 안이 깜깜하다. 손전등을 비춘다. 창문은 장롱과 찬장으로 가려져 있어 햇살 한 줌 들지 않는다. 손전등은 심해 잠수함 불빛처럼 방 안을 훑는다. 커다란 이불 더미가 앉아 있고 낡은 트렁크를 쌓아 놓은 것이 보인다. 신발을 신은 채 방으로 들어선다. 잡동사니를 헤치고 안쪽으로 다가간다. 이불 더미 뒷구석에 미싱이 보인다. 미싱은 오랜 세월 한 곳에 붙박여 수행을 한 구도자처럼 미동이 없다.

60여 년을 한자리에서 외가를 지키며 지내던 이모가 돌아가시자 외갓집을 정리해야 할 일이 내 일이 되었다. 전쟁 통에 생활의 뿌리를 송두리째 잃고 남쪽으로 내려오신 외할아버지와 외할머니는 물건을 버리시지 못했다. 그 모습을 봐온 이모도 옷 하나, 책 한 권까지 모두 모아두었다. 마당 한쪽에 있는 별채에는 두 세대가 사용해온 온갖 물건들이 가득했다. 정리하려 마음먹고 나서는 나에게 동생은 할머니가 쓰시던 미싱을 찾아달라고 부탁했다.

같은 기억이라도 돋보기를 들이대면 각기 다른 장면으로 소환된다. 어느 해 겨울방학이었다. 할머니는 거실에서 미싱을 밟고 있었다. 하얀 버선코가 까만 발판 위에서 오르락내리락했다. 일곱 살이나 되었을까. 동생은 그런 할머니 곁에 붙어 서서 연신 박음질 돼 나오는 천을 신기한 듯이 바라보고 있었다. 드르륵드르륵 미싱이 돌아가고, 동생은 작은 손으로 천 조각을 할머니에게 건네주기도 했다. 할머니는 알록달록한 천을 몇 조각 연결해주었다. 동생은 마치 깃발처럼 그것을 나에게 흔들어 보였다.

반면 내 기억의 색채는 전혀 달랐다. 동생에게는 총천연색이었을 풍경은 돌연 흑백이 된다. 나는 미싱이나 색색 천 조각 따위에는 관심이 없었다. 공부하는 데 방해하지 말라며 닫아놓은 이모 방을 흘낏거렸다. 책장에는 책이 가득하고, 커다란 책상이 있는 곳이었다. 쉽게 출입이 허락되지 않는 그 방은 내게는 일종의 성역 같았다. 한창 활자를 흡입하던 시절이었다. 그리고 책상 위에는 활자를 찍어내는 타자기가 놓여 있었다.

사람에게는 성향이 있는가. 있다면 그것은 타고나는 걸까. 아니면 교육이나 환경에 의해 만들어지는 걸까. 성향은 버리거나 바꿀 수 있는 것일까. 답을 얻기 어려운 이런 질문들을 던질 때는 주로 내가 자책감에 시달릴 때다. 타자기를 두드리며 살았던 나는 미싱을 밟으며 살아가는 동생에게 때때로 부채감을 느껴왔던 것 같다. 누군가가 성향은 타고나는 것이라고 증명해준다면 내 마음 빚이 조금이라도 탕감되는 것일까.

동생은 야간고등학교를 다니며 낮에는 공장에서 미싱을 밟았다. 수출을 주로 하는 의류 공장을 보세공장이라고 불렀다. 한국 경제가 팽창하기 시작한 70년대 후반, 환경은 열악하고 노동 강도는 셌다. 온종일 앉아서 끊임없이 밀려오는 일감을 감당해야 했다. 바늘에 찔리고 지문이 닳은 손가락 끝에 굳은살이 박였다. 그러고도 그 대가를 고스란히 집에다 내놓아야 했다. 뼈도 다 굳지 않은 나이에 일을 시작한 동생은 그 후로도 오랜 세월 미싱을 손에서 놓지 않았다.

가난한 집안의 딸로서 나도 당연히 공장엘 갔다. 셔츠를 포장하는 일을 했다. 처음에는 열심히 했지만, 시간이 흐르자 노동 강도와 압박을 이기지 못했다. 게다가 노동 현장의 불법과 부조리에 대해 생각이 미치자 이상과 현실 사이에서 부대끼며 더욱 힘들어했다. 공장을 옮겨도 고작 한 곳에서 일 년 남짓을 버텨냈을 뿐이다.

　소비자단체, 시민단체, 여성단체, 보육원 사무실 등을 전전하며 타자기를 두드렸다. 그런데 하나같이 성과를 부풀리거나 거짓 보고서를 작성해야 하는 일이 많았다. 겉으로는 봉사를 앞세웠으나 속으로는 이익을 추구하는 기업이나 다름이 없었다. 나의 타자기에서 나온 활자들은 오염되었다. 그곳에서도 오래 견디지 못했다.

　언젠가부터 타자기 대신 컴퓨터 자판으로 글을 썼다. 문학기행을 하며 장흥에 있는 소설가 한승원 님 집필실을 방문한 적이 있었다. 작가는 차를 대접하며 이런 말을 했다. 작가의 손은 농부를 닮아 있어야 한다고. 가늘고 부드러운 내 손을 내려다보았다. 그리고 동생 손을 떠올렸다. 손이 움츠려졌다. 꿈보다는 밥이 우선이었던 시대를 지나오며 나는 분명 동생에게 빚을 진 것 같았다.

　방 안을 가득 채운 물건들은 대부분 기능과 시효를 잃은 것들이었으므로 버리기로 한다. 그중에서 가져갈 것만을 골라 따로 모은다. 남편과 맞들어 미싱을 한쪽으로 옮긴다. 책장 위에 있던 타자기를 내려 그 옆에 놓는다. 미싱과 타자기는 똑같이 세월의 먼지를 뽀얗게 뒤집어쓰고 있다.

　이제는 둘 다 별 쓸모가 없어진 물건들이다. 마른걸레로 먼지를 닦아낸다. 맨얼굴을 드러낸 미싱과 타자기가 새삼 지난

나를 반추하게 한다. 타자기 자판 하나를 눌러본다. "탁" 돌이킬 수 없는 시간에 대한 문장 끝에 부끄러운 마침표가 찍힌다.

커피 한계시

아메리카노 한 잔이 내 앞에 놓인다. 두 손으로 컵을 감싸쥔다. 누가 알라딘의 램프 같은 이 잔을 문질렀는가. 미세하게 갈색 물결이 일고 마법의 향이 피어오른다. 숨을 들이쉬며 향을 빨아들인다. 마음에 걸쳐 있던 얇은 막이 녹아내린다. 향을 뺀다면 식욕을 자극하는 그 어느 셋도 없는, 이 무덤덤하고 반투명한 액체를 사랑한다.

커피는 내게 금기라는 선연한 아우라와 함께 다가왔다. 어린 시절 서울에 있는 외갓집에서 자랐던 나는 사흘마다 할아버지 손을 잡고 독일빵집에 갔다. 갓 구운 식빵을 사기 위해서였다. 세 딸을 독일에 유학 보낸 할아버지와 할머니는 아침마다 빵과 함께 커피를 마셨다. 나에게는 우유가 주어졌다. 어린 눈에도 커피와 우유는 같은 세상에 존재하는 음료가 아니었다. 한 모금이라도 맛보고 싶었지만, 입 밖에 낼 수는 없었다. 그저 가끔 훔쳐보면서 불온한 갈증에 시달렸다.

　마침내 그 갈증을 해소할 날이 왔다. 누군가와 만나기로 했었는데, 누구였는지는 기억에 없다. 다만 갈색 탁자에 놓인 커피 한 잔만이 또렷하다. 첫맛이 너무 써서 인상을 쓰지 않으려고 애썼던 기억도 떠오른다. 금기는 고소한 세상과 쓰디쓴 세상 사이를 가르는 선이었다. 상대가 바라보고 있었으므로 남길 수도 없었다. 그날 금기를 넘은 대가를 톡톡히 맛보았다.

　그날 이후 커피가 점점 좋아졌다. 기회가 주어지는 대로 홀짝거렸다. 어느 것 하나 내 마음대로 되는 것이 없던 날들이었다. 쓴 것이 이상하게도 위안이 되었다. 유스호스텔을 운영하는 직장에 근무하면서 본격적으로 맛을 들였다. 시고, 쓰고, 떫고, 매운맛에 아주 조금 단맛이 섞여 있던 시절이었다.

　이 갈색 액체는 젊은 날 내 공허한 혈관으로 흘러들었다. 집을 떠나 섬에서 근무했던 나는 노을이 지는 바다를 바라보며 사무실 옥상에서 홀로 커피를 마셨다. 거제도 앞바다에는 배가 점점이 떠 있었다. 문득 나도 작은 배 한 척이 되어 망망한 바다에 떠 있는 것 같았다. 혀끝에서 쓴맛이 느껴졌다.

　부산에 있는 집에서 전화가 오면 심장이 덜컥 내려앉았다. 십중팔구 돈이 필요하다는 연락이었는데, 하나같이 상황이 심각했다. 어찌어찌 끌어모아 돈을 부치고 나면 속에서 신물이 올라왔다. 그런 날은 마시는 커피에서도 신맛이 났다.

　매운맛이, 떫은맛이 나는 날도 많았다. 나는 점점 더 진하게 타서 마치 줄담배를 피우듯이 마셔댔다. 하루가 끝나면 내 일상 주변 어딘가에는 담뱃재 같은 얼룩이 남아 있곤 했다. 커피는 결코 맛으로 마시는 게 아닌 것 같았다. 끝내 견디기 힘든 날에는 설탕을 두어 숟가락 넣었다. 혀가 마비될 정도로 달았다. 그 커피를 마시며 잠시 다른 맛들을 잊었다.

커피는 내숭과는 거리가 멀다. 괜히 순수한 척, 맑은 척하지 않는다. 과일주스처럼 색이 예쁘지도 않고, 꽃차처럼 우아하지도 않다. 햇빛이 가진 온갖 색을 합치고, 그 색을 다시 햇빛이라는 필터로 거른 것 같은 갈색이다. 커피는 민낯을 내보이면서도 태연하다. 산전수전을 어지간히 겪은 여인 같다. 속이 다 보이지는 않지만, 왠지 그 속을 알 것 같기도 하다.

보일 듯 말 듯 갈색 시스루를 입은 여인이 지긋한 눈빛으로 나를 바라보는 듯하다. 사랑에는 이별이 뒤따랐고, 그리움은 모질었으나 시간을 따라 흩어졌다. 깊은 상처도 거뭇한 흔적으로 남았다. 그렇게 짙었다가 옅어졌던 순간들이 잔을 들어 올릴 때마다 반투명의 물결로 흔들린다.

혼자 마시는 커피는 집요한 구석이 있다. 외로울 때는 더욱 외롭게, 아득할 때는 더욱 아득하게 나를 끌고 간다. 그렇게 이끌려 마음 바닥에 가 닿으면 문득 내 감정의 비중이 낮아진다. 그러고는 서서히 다시 떠오르는 것을 느끼곤 한다. 칼에 베인 사과 속살이 갈색으로 물들듯 세상에 베인 내 마음에 커피가 물들면 조금은 마음을 가라앉힌 채 자리를 털고 일어나게 되는 것이다.

요즘은 경치가 좋은 곳이다 싶으면 한 집 건너 하나씩 카페가 들어선다. 커피를 마시다 보니 고단했던 세월이 가고 어느덧 살 만해진 시절이 되었나 보다. 그런데 언제부턴가 이상 징후가 느껴졌다. 많이 마신 밤에는 잠이 오지 않았다. 어쩌면 내게 갈색으로 물들 순백의 마음이 더 이상 남아 있지 않은 탓인지도 모르겠다.

처음에는 불면의 밤이 그리 싫지만은 않았다. 마치 청춘 가운데에서 뜬눈으로 밤을 밝히던 열정이 다시 찾아온 것 같기도 했다. 그러나 그런 밤이 며칠 계속되자 내 두 눈은 원인을 찾기 위해 혈안이 되었다. 이윽고 커피가 용의선상에 올랐다.

커피를 끊는 지난한 실험이 계속되었다. 커피는 정확한 수치로 자신이 범인임을 입증했다. 이번에는 마시는 시간대를 두고 연구가 뒤따랐다. 그 결과 오후 세 시가 한계시限界時임이 밝혀졌다. 수면을 방해하지 않는 최대한의 시간이었다. 지구 온난화로 인해 자꾸만 위로 올라가는 소나무 북방한계선처럼 말이다.

주위에서 이런 이론을 뒷받침하는 고백을 심심찮게 듣는다. 맛이 희한하다 할 때부터 알아챘어야 했다. 홀짝거리다가, 대놓고 마시다가, 결국에는 중독이 되어버린다는 것을. 그리 깊이 사랑하면 언젠가는 이별이 올 수밖에 없다는 것을.

지금 그 이별이 시작되고 있다. 그나마 오랜 정을 생각해서 당분간 한계시가 주어진 셈이다. 오후 세 시, 커피 한 잔을 앞에 두고 나는 지금 이별 연습 중이다.

나의 악어

치마

귀

신의 한 수

신

진달래

새

끝내주는 남자

성냥팔이증후군

방생

패랭이꽃

나의 악어

 사방은 어둡다. 물안개마저 피어올라 뭍과 늪의 경계가 모호하다. 다만 불쑥불쑥 솟아 있는 갈대 군락이 늪이 시작되었음을 보여주고 있다. 주변 경계를 뭉개는 안개를 헤치며 작은 고무보트 한 대가 늪지로 들어선다. 이런 정적 속에서는 새들도 침묵하는 모양이다. 고무보트는 갈대숲을 벗어나 늪 가운데로 나아간다. 보트에 타고 있던 생태 연구원 하나가 뒤를 돌아보다가 나지막한 탄성을 지른다. 그들이 거쳐 온 갈대들 사이로 형광 녹색 눈들이 번쩍인다. 악어들이다.
 미동도 없다. 숨소리조차 들리지 않는다. 마치 태고로부터 그곳에 그대로 있었던 것처럼 적요를 자아낸다. 절대 침묵이 시간을 빨아들이는 것만 같다. 시간의 태엽은 연구원들이 포획 화살을 준비하고 어둠을 조준해 날릴 동안 어쩌면 억겁의 시간을 감아버렸는지도 모르겠다. 주둥이에 올가미가 걸리고 눈이 가려진 채 뭍으로 끌어올려진 악어는 마치 화석 같다. 건장한 연구원들이 올라타고 올가미를 풀자 고개를 뒤로 휙 젖히며 입을 쩍 벌린다. 큰 이빨이 듬성듬성 박혀 있는 입 속으로 어둠이 빨려 들어간다. 곧장 텔레비전 밖으로 튀어나올 것만 같다.

젊은 시절부터 곧잘 가위에 눌리곤 했다. 시도 때도 없이 피곤했는데, 그럴 때면 어디든 자리를 펴고 누워야만 했다. 그러면서 물안개가 피어오르듯 선잠이 들었다. 그리고 어둠 속에서 늘 형체가 모호한 것들에 둘러싸여 있는 꿈을 꾸었다. 꿈이라지만 이상하게도 모든 감각이 너무 선명해서 꿈이 아닌 것 같기도 했다.

꿈에 다른 사람이 나타나는 법은 없었다. 나 혼자 어디에선가 나를 지켜보는 시선을 의식했다. 손끝 하나 움직이지 못하고 끙끙댔다. 누군가가 내 위에 올라타서 손발을 누르거나, 한없이 무거운 이불에 짓눌려 땅속 깊이 가라앉는 것만 같았다. 무섭고 고통스러워 이를 악물고 고개를 젖혔다. 그러면 돌연히 꿈에서 깨어나곤 했는데, 깨고 나면 온몸이 땀에 젖었고 이부자리도 축축한 것이 마치 내가 늪 한가운데 빠진 느낌이었다.

악어는 체온을 조절하기 위해 뭍으로 올라가는 경우를 빼면 대부분 늪에 몸을 담그고 살아간다. 섭씨 25도에서 35도 사이 체온을 유지해야 하므로 햇볕을 쬐기 위해 언제라도 뭍으로 올라갈 수 있는 늪은 천혜의 서식지다. 주로 열대지방에 서식하기에 물 또한 체온을 식히기 위한 필수 조건이기도 하다. 악어가 살아가기 위해서는 늘 늪처럼 축축한 서식지가 필요하다.

나는 눈물이 많다. 아무도 없는 곳에서 실컷 울고 나도 내 마음은 물에 푹 젖은 늪처럼 축축하기만 했다. 아무리 울어도 해결되지 않는 현실적인 문제들을 어린 나이에도 감지했기 때문이다. 그 문제란 지독한 가난이었다. 밥을 먹은 사람이 탄수화물이라는 영양소를 얻듯이 가난을 먹은 나는 최종적으로 슬픔을 얻었다. 슬픔은 차곡차곡 쌓여서 내 목울대 아래에서 찰랑거렸다. 누구라도 살짝 건드리면 눈물이 묻어나고, 거친 발자국이라도 남기면 내 늪지에는 물웅덩이가 생겼다. 아마 그곳에서 나의 작은 악어가 자라나기 시작했을 것이다.

작은 악어는 나의 슬픔을 먹고 자랐다. 어쩔 수 없이 학교를 그만두고 운동장을 가로지를 때 들리는 수업 종소리에서, 오랜 병고 끝에 돌아가신 어머니를 언 땅에 누이고 흙을 뿌리는 내 손등에 떨어지는 싸락눈에서, 먼 이국땅으로 떠나야만 했던 동생의 해진 소맷부리를 바라보던 순간 뽀얗게 흐려진 세상에서 슬픔은 봇물이 되어 내 늪지로 몰려들었다. 악어는 점점 몸집을 불렸다.

악어는 치악력이 엄청나다. 물속에 납작 엎드려 있다가 얼쩡거리는 물소 다리를 물고 순식간에 늪지로 끌어들여 '데스 롤링'이라 불리는 돌아치기를 반복한다. 늪이 뒤집히고 물소가 익사하면 몸 부분 부분을 잘라 통째로 삼킨다. 슬픔의 늪가를

나의 악어 99

서성거리던 나도 악어에게 물리곤 했다. 저항할 틈도 없이 슬픔 속으로 빨려 들어갔다. 나의 악어도 내 내면의 어느 한 부분을 잘라먹고 나서야 나를 놓아주었다.

언제부턴가 내 안에서 악어를 키워왔다. 나는 세상 모든 것으로부터 슬픔을 빨아들였다. 봄에 피는 꽃도 슬프고, 가을에 지는 낙엽도 슬펐다. 내 안 늪지는 더욱 넓어졌다. 슬픔은 역설적으로 나를 가장 행복하게 하는 감정이 되었다. 익숙한 슬픔이 사라지는 것이 두려워졌다. 비록 고통을 주지만 그만큼 나를 이해해주는 존재는 없다는 생각이 들었다.

내가 무엇 때문에 악어와 눈빛이 부딪쳤는지를 설명하기란 쉽지 않다. 감당할 수 없게 커진 고통 탓일 수도 있고, 내 아이들의 눈물 때문일 수도 있고, 조금씩 절대적 결핍이 가시기 시작했기 때문일 수도 있다. 어쨌든 어느 날, 아득하고 검은 광기로 눅눅한 그 눈을 마주 보았다. 심장이 뜯기는 듯한 통증과 함께 뜬 눈으로 다시 눈을 떴다. 그리고 늪가에 아슬아슬하게 서 있는 나를 보았다.

무언가를 보고 나면 무언가가 달라진다. 기회가 있을 때마다 뭍으로 올라가 햇빛을 쐬고 바람을 맞았다. 악어가 사무치게 그리운 날도 있었지만, 늪으로 돌아가지 않으려고 노력했다. 아주 조금씩 늪지가 줄어들었다.

악어는 일 년 동안 먹이를 먹지 않아도 살아남는다. 잊을 만해졌다 싶으면 다시 입을 벌렸다. 그러나 나도 예전만큼 호락호락하지는 않았던 모양이다. 늪지가 뒤집히고 혼탁한 물결이 일었다. 그리고 이미 존재를 들켜버린 그도 예전 같지 않기는 마찬가지였다.

　창문으로 햇살이 들어오고 바람이 소슬한 오늘 같은 날이면 나는 짐짓 내 안의 악어를 불러본다. 이제 몸집이 줄어든 악어가 슬그머니 방향을 돌려 꼬리를 보인다. 튼실하고 긴 꼬리를 휘면서 어디론가 사라진다. 행여 상처를 입을까 봐 철갑 같은 비늘로 온몸을 빈틈없이 감싼, 나의 슬픈 악어가 이제 점점 멀어지고 있다.

치마

 아래에서 위로 바람이 분다. 바람 한 줄기가 발목을 지나 종아리를 휘감고는 사르르 사라진다. 땅속 깊고 뜨거운 곳에서 불어오는 따스한 입김 같다. 볕 바른 산등성이에 이는 아지랑이처럼 풋내가 가득하다. 햇살을 꼬아 만든 비단실인 양 살갗에 친친 감긴다. 그런 바람이 사꾸만 아래에서 위로 분다.
 이미 앞산 진달래를 흔들고 개울가 개나리를 깨운 바람이다. 바람이 스칠 때마다 땅이 물러지고 나뭇가지가 부드러워진다. 간밤에 내린 봄비 빗방울을 닮은 멍울이 부풀어 오른다. 마침내 그 작은 것들이 치마를 펼친다. 민들레는 노란 갈래 치마를 입었고 패랭이꽃은 분홍 캉캉치마를 입었다. 각시붓꽃이 입고 있는 것은 보라색 드레스이다. 불쑥 호기 어린 바람 한 자락이 내 치맛단을 흔든다.
 치마를 빠져나간 바람은 철쭉이 무리 지어 피어 있는 쪽으로 향한다. 철쭉은 다홍치마를 입고 있다. 여인의 긴 속눈썹 같은 숱 많은 꽃술을 가진 통꽃이다. 가느다란 갈색 가지 끝에 매달린 꽃이 속눈썹을 떨며 살짝 얼굴을 붉힌다. 그 옆 꽃도 덩달아 붉어진다. 바람이 불고 다홍치마가 물결친다.

막내 이모가 치마를 펼치자 어둑한 다락방은 금세 다홍빛으로 물들었다. 얇은 갑사 두 겹이 서로를 얼비치며 사각거렸다. 지붕 밑 작은 창으로 겨울의 늦은 햇살이 비쳐 들었다. 햇살은 갑사에 직조된 수많은 석류 문양을 비추었다. 이모의 늙고 투박한 손이 치마를 쓰다듬었다. 해묵은 세월이 다락방에 가라앉았다.

이 다홍치마는 외할머니가 시집오실 때 입은 것이라 했다. 혼례식 날 활옷 밑에 받쳐 입은 치마이다. 백 년도 더 지난 오랜 옛날 일이다. 열여덟, 갓 벙글어진 꽃봉오리 같은 나이에 시집오신 외할머니는 아들 넷에 딸 넷을 낳았다. 그러나 위로 아들 넷이 줄줄이 홍역으로 세상을 떠났다. 혹독한 바람이 부는 세월이었다. 다홍치마에 피맺힌 모정이 얼룩졌다.

바람은 거기서 그치지 않았다. 한국전쟁이 터졌다. 1·4후퇴 때 남은 네 딸을 데리고 국군을 따라 평양에서 부산까지 피난을 왔다. 정신없이 꾸린 봇짐에 다홍치마가 들어 있었다. 목숨도 부지하기 어려운 때였다. 금비녀를 팔아 거처를 구하고 쌍가락지를 팔아 여섯 식구 끼니를 이었다. 대구 한 시장에서 찐빵과 만두를 팔아 그나마 안정을 찾을 때까지 온갖 것들이 팔려 나갔다. 그런데도 다홍치마는 남겨졌다. 저고리는 어떻게 없어졌는지 알 길이 없었다. 물 묻은 손으로 시장통에서 억척스럽게 살아가야 했던 외할머니의 궤짝 깊숙이에는 다홍치마가 자리하고 있었다.

꽃은 식물이 피워내는 꿈의 절정이다. 꿈이 스친 자리에 열매가 맺히듯 치마가 펼쳐진 곳에는 생명이 깃든다. 생명은 그 치마폭에서 자라난다. 애초 훈풍을 허락하는 순간 가슴에는 지울 수 없는 모정이 새겨진다. 시린 바람이 불어올 때마다 이리 감싸고 저리 품으며 견디고 또 견딘다. 어미의 치마는 질기고 강인하다.

서울로 올라온 외할머니는 딸들을 독일로 유학 보냈다. 딸들이지만 남 못지않게 키우고자 하셨다. 오랜 뒷바라지가 따랐다. 그런데 돌아올 줄만 알았던 두 딸이 독일 남자와 결혼해 그곳에 눌러앉았다. 외할머니는 막내딸 결혼식을 앞두고 다홍치마를 독일로 보냈다. 온갖 역경을 이긴 치마가 타국에서 딸에게 닥칠 어려움을 당신을 대신해 막아주기를 바랐다. 다홍치마는 그런 염원을 싣고 하늘을 날았다. 그리고 유럽 저택의 드레스룸에 걸렸다.

그러나 외할머니 바람은 이루어지지 않았다. 푸른 눈의 사위가 외도를 저질렀다. 막내딸은 자신을 더 닮은 세 아이를 데리고 집을 나왔다. 짐 속에는 다홍치마가 구겨져 있었다. 줄담배 연기가 치마폭에 스미고 독주가 흘러 얼룩을 남겼다. 하지만 모진 바람이 자면 저 깊고 뜨거운 곳에서 또다시 훈풍은 불어오는 법이다. 새로운 사랑이 다홍치마에 깃들고 새 생활이 시작되었다.

꽃이 진 자리에 다시 피는 꽃은 갸륵하다. 시들며 말라가던 꽃잎의 기억을 잊기는 어려웠을 거다. 뒤틀리며 꽃받침에서 떨어져 나가던 아뜩한 순간은 선연한 통증으로 남았다. 그래도 동통을 이기고 꽃이 피듯 다홍치마는 다시 펼쳐졌다. 치마에는 과거를 떨치고 미래를 향해 변화하며 나아가는 용기가 숨어 있다.

이태 전 겨울, 이모를 찾아갔다. 이모는 내 손을 잡고 삐걱거리는 나무 계단을 올랐다. 무성한 자작나무 숲에 둘러싸인 아름다운 집 지붕 아래 천장이 높은 서양식 다락방이었다. 낡은 트렁크에서 다홍치마를 꺼낸 이모는 내 앞에 치마를 펼쳐 보였다. 주름 겹겹이 스며 있던 오랜 세월이 잠시 허공으로 떠올랐다가 살포시 내려앉았다. 이제 팔순을 바라보는 이모는 이 치마를 한국으로 돌려보내고 싶어 했다. 나는 돌아오는 짐을 싸며 트렁크 한쪽에 다홍치마를 넣었다.

이제 다홍치마는 내 장롱 바닥에 들어 있다. 여인 삼 대를 거치며 이런저런 바람에도 백 년 세월을 견딘 치마이다. 오므리면 별것 아니어도 펼치면 세상을 덮는 것이 여인의 치마다. 인내하고 견디다 바람 방향이 바뀌면 서슴없이 용기를 내어 변화하기를 주저하지 않는다. 아낌없이 사랑을 품고 생명을 기른다. 그 치마폭에서 새로운 세상이 탄생한다.

　애기똥풀 옆에 제비꽃이 피고, 꽃마리 옆에 꽃다지가 핀다. 둘러보니 대지는 이미 꽃무늬 치마를 둘렀다. 고개를 들어보니 저 멀리 산들이 입고 있는 것은 갈피갈피 생명이 깃든 파스텔색 겹치마다. 피어나 펼쳐지는 모든 것이 다 치마로 보인다. 흔들리며 출렁이며 끝없이 치마가 펼쳐지고 있다. 훈풍이 치맛단을 들어 올린다. 귓바퀴에 뜨거운 입김이 스치고, 바야흐로 봄이 무르익고 있다.

귀

터널 저 끝, 굽어지며 어둠 속으로 소실된 한 점으로부터 으르렁으르렁 소리가 났다. 낮은 주파수 때문일까, 가슴이 두근거렸다. 밀도가 높은 레일을 타고 지하철을 앞질러 도달한 소리였다. 소리를 들은 사람들이 기척을 냈다. 의자에서 일어서기도 하고, 승차 표시 가까이 다가가 줄을 서기도 했다. 도착을 알리는 방송이 울리고, 순식간에 지하철은 붉은 자락을 펄럭이며 사람들 앞에 멈춰 섰다. 몇몇 사람들이 내리고 탔다. 곧이어 반대편으로 모습을 감춘 지하철 꼬리를 물고 잠시 썰물 같은 바람이 불었다. 이번에는 들릴 듯 말 듯 희미한 소리였다.

텅 비어버린 지하 역사에서 '귀'는 여전히 소리를 기다리고 있는 것처럼 보였다. 귀 그림이 그려진 유리창에 바짝 눈을 대고 부스 안을 살펴보았다. 사람은 보이지 않았다. 한쪽에 안내

책자와 노트들이 가지런히 놓여 있었다. 좁은 부스 이곳저곳에 기념품들이나 작은 인형들이 눈에 띄었다. 아프리카 목각인형, 긴 깃털, 자잘한 배지들과 어느 나라 것인지 알 수 없는 국기도 보였다. 중국 인형 옆에는 네팔 사원 사진이 들어있는 때 묻은 나무 액자가 걸려 있었다. 부스 앞에 놓인 녹색 팸플릿을 집어 들었다. 팸플릿 위쪽에도 귀 모양이 커다랗게 그려져 있었다.

독일 함부르크 한 지하철역에 있는 작은 부스를 발견한 것은 동생과 함께 한인 마트를 찾아 나선 길에서였다. 무심하게 지나치던 눈길에 그림이 들어왔다. 두 평 남짓해 보이는 부스 유리창에 검은 실선으로 그려진 귀는 이미 침묵하는 법을 터득한 듯 진중해 보였다. 둥그런 귓바퀴를 따라 흘러내린 선은 작은 반원을 그리며 안쪽을 향해 있었는데, 그 모양이 언뜻 물음표를 연상시켰다. 마치 귀가 묻고 있는 것 같았다. 너도 나에게 하고 싶은 이야기가 있니?

그림에 관심을 보이자 동생이 다가왔다. 서툰 한국어가 귓속으로 흘러들었다.

"누나, 귀가 궁금해? 이 귀는 사람을 들어."

귀 그림 옆으로 해독할 수 없는 독일어 문장들이 적혀 있었다. 이메일 주소와 전화번호도 보였다. 동생은 그림에 손나팔을 대고 이야기하는 시늉을 해보였다. 그러니까 이 부스에는 누군가 이야기를 들어주는 사람이 있고, 이야기하고 싶은 또 다른 누군가가 이곳을 찾는다고 했다. 그들은 주로 이방인이란다. 순간 울대가 뜨거워졌다. 눈자위가 붉어지는 것을 동생에게 들키지 않기 위해 눈에 힘을 주며 귀 그림을 뚫어져라 바라보았다.

삼십여 년 세월 저편 부산역 플랫폼에 허술한 가방을 든 동생이 서 있다. 아직 소년티를 다 벗지 못한 열여덟 앳된 얼굴이다. 갯내를 품은 바람이 불었던가, 아니면 저물녘 햇살 한 조각이 동생 어깨에 내려앉았던가. 스웨터의 해진 소매 끝으로 불쑥 나온 하얀 손목이 떠오르면 나는 고개를 돌린다. 그때를 기억해내는 것은 언제나 힘겹다. 그마저도 기차 출발을 알리는 종이 울리면 장대비가 쏟아지는 유리창처럼 사정없이 어그러지고 만다. 눈물이 차오르고 그 장면은 기억의 어둠 속으로 까마득히 사라진다.

어느 집안이고 어두운 가족사는 있기 마련이다. 해방과 전쟁에서 살아남은 사람들 인생에는 짙은 그늘이 드리웠고, 자식들은 그 아래에서 자라났다. 운명이라 부르고 가난이라 새겨진 세월을 견디다 어머니가 돌아가셨다. 마지막 보루가 무너지자 운명은 병아리를 낚아채는 솔개처럼 동생을 낚아채 유라시아 반대쪽 독일 땅에 내려놓았다. 해외 입양을 떠난 것이다. 누나로서 동생을 지키지 못했다는 자책감은 무거운 돌멩이가 되어 가슴을 짓눌렀다. 때때로 날밤을 새웠다. 창으로 희뿌연 여명이 들라치면 정신없이 공중전화 부스로 달려갔다. 복잡한 국제

번호를 더듬어 다이얼을 돌리고 수화기를 귀에 바짝 갖다 댔다. 그러나 들려오는 소리는 알아들을 수 없는 낯선 독일어 몇 마디뿐이었다. 그럴 때면 귓속이 아득해지곤 했다.

아득했던 시간을 지나 이제야 동생을 방문할 수 있었다. 푸른 잎새 같던 동생에게도 희끗희끗한 인생의 서리가 내려앉아 있었다. 오랜 봉인이 풀린 한국어가 동생 입에서 서툴게 발음될 때마다 귀를 기울였다. 한 마디 한 마디에서 습지에 찍힌 발자국처럼 물기가 배어났다.

팸플릿의 귀를 다시 들여다보았다. 물설고 낯선 이국땅에서 이방인이 된 동생에게 가장 절실했던 것은 무엇이었을까? 이야기를 들어줄 누군가가 아니었을까? 바깥을 향해 안테나 같은 둥근 귓바퀴를 한껏 열어놓고 아무런 조건 없이 기꺼이 상대를 내면으로 받아들이는 귀 말이다. 혹 동생도 이곳을 찾아온 적이 있었을까?

귀는 인간 감각 기관 중 가장 수용적인 기관이다. 그만큼 포용적이기도 하다. 눈처럼 감아버리거나 입처럼 선별해서 말할 수 없다. 그저 들을 뿐이다. 그러나 그것이 그리 쉬운 일은 아니다. 상대방 소리가 내게로 들어와 공명할 자리가 있어야 한다. 내 것으로 가득 찬 가슴에는 다른 소리가 들어와 울릴 공간이 없다. 도리어 불쑥 튀어나오는 예리한 혀로 상대에게 상처를 입히기 일쑤이다. 듣는다는 것은 나를 뒤로 물리고 상대를 받아들이는 수용적 태도와 다름이 아니다.

누구에게나 자신의 이야기를 들어주는 귀가 필요하다. 내 이야기가 귀를 통해 가슴으로 스며들었다고 느낄 때 비로소 인간은 스스로 존재를 확인할 수 있는 것이 아닐까. 그 지점에서부터 소통은 시작될 수 있다. 그리고 보면 타인을 향해 열려 있는 귀야말로 인간과 인간 사이의 가장 본질적인 통로인 셈이다.

또다시 소리를 앞세우고 지하철이 도착했다. 도심으로 가는 지하철 안에는 다양한 사람들이 타고 있었다. 터키인들로 보이는 가족, 히잡을 쓴 인도 여자, 금발 백인 커플과 동양인인 우리 남매. 함부르크는 비교적 개방적이고 진보적인 도시라고 한다. 다양한 사람들만큼 다양한 소리가 존재한다. 이렇게 이들이 공존할 수 있는 이유는 서로 다른 소리를 편견 없이 들어주는 귀가 있기 때문이 아닐까. 조용히 앉아 있는 그들의 귀로 자꾸 민 시선이 가는 사이 지하칠은 귀 안 깊은 긴 터닐을 **빠르세** 지나고 있었다.

신의 한 수

 마침내 이세돌이 돌을 던진다. 인간 대표로서 알파고와 3차전 대국 176수 만이다. 손끝으로 미세한 떨림이 지나간다. 삼연패이다. 이제 대국이 두 번 남아 있다. 바둑판을 뚫어지게 바라보는 표정에 당혹감이 번진다. 그는 이미 머릿속으로 판을 허물고 전광석화 같은 복기를 하고 있는지도 모르겠다. 결정적 패착 지점에 다다랐을까. 그가 잠시 눈을 감는다.
 바둑에서 한 수 한 수는 돌이킬 수 없는 한 걸음 한 걸음이다. 놓아진 돌은 바둑판 위에서 정확한 좌표를 가진다. 그것은 곧 현실의 한 지점이 된다. 돌은 묵묵히 말이 없으나 돌은 놓은 사람은 온갖 감정에 휩싸인다. 그때부터 저 멀리 띄워놓은 승勝이라는 부표를 향한 바람 찬 항해가 시작된다. 이제 바둑판은 희로애락의 파도가 넘실대는 사바 세상과 다름이 아니다. 흔히들 바둑판을 인생 축소판이라고 하지 않는가.

해설자들의 복기를 듣느라 남편은 TV 앞을 떠날 기미가 없어 보인다. 남편은 수십 년 동안 저녁마다 바둑을 둬왔다. 나는 컴퓨터를 상대로 바둑을 두는 등을 바라보며, 오늘 하루를 바둑판 위에 복기하고 있는 게 아닐까 생각하곤 했다. 마치 일기처럼 말이다. 하루를 더 산 그의 수는 과연 어제보다 얼마나 달라졌을까.

남편은 아버지로부터 바둑을 배웠다고 했다. 갈수록 이상하게 조악한 노란색을 띠는 얇은 바둑판은 모서리가 부서져 있었는데, 그 바둑판을 투박한 손으로 쓰다듬으며 의미심장한 눈으로 아들을 바라보곤 하셨다. 함부로 덤비는 아들을 하룻강아지 보듯 하시던 범 같은 아버지는 채 삼 년이 안 되어 이빨 빠진 호랑이가 되어 바둑판에서 물러앉으셨다. 나날이 실력이 느는 아들에게 짐짓 엉뚱한 핑계를 대면서 말이다.

남편은 한때 바둑 고수를 찾아 기원을 기웃거린 적도 있다고 했다. 엉덩이에 뿔이 난 하룻강아지가 된 남편은 자기 동네와 인근 동네를 휘젓고 다녔다. 어찌 운이 좋았던지 도긴개긴 한 사이에서 제법 높은 승률을 확인하자 드디어 기원을 찾아 나섰다. 기원은 시내 삼거리에서 제일 높은 건물 삼층에 있었다. 올라가는 계단을 힘차게 밟으며 심장이 쿵쾅거리는 것을 느꼈더란다. 아마도 어설프게 무술을 배우고 하산한 얼뜨기 검객 같았을 것이다. 눈에 힘을 잔뜩 넣고 어깨를 빳빳이 세우고는 기원 문을 열어젖혔으리라.

마치 운무처럼 자욱한 담배 연기 사이로 바둑에 몰두해 있는 사람들이 보였다. 남편에게는 신세계였다. 독한 담배 냄새를 무슨 신선 체취인 듯 들이마시며 그는 고수를 찾아 돌아다녔다. 각 바둑판에서는 격전이 벌어지고 있었는데 양상이 조금씩 달랐다. 후에 각자 가지고 있는 기풍이 원인임을 알았다. 누군가는 양날검을 휘두르듯 화려한 기풍을 가졌는데 그 검은 상대뿐만이 아니라 자신을 베기도 했다. 또 다른 이는 도끼처럼 선이 굵고 힘 있는 기풍을 가졌는데 섬세한 마무리가 되지 못하다 보니 다 이겨놓은 판이 뒤엎어지기가 일쑤였다. 더 오랜 후에 기풍이란 것이 결국 기질에서 오는 것이라는 것을 알게 되자 왜 바둑판이 인생 축소판인지 이해하게 되었다고도 했다.

어쨌거나 남편은 그곳에서 바라던 대로 한 고수와 마주쳤다. 그는 바둑 실력만이 아니라 여러 면에서 남편보다는 한 수 위였다. 특히 인내심 면에서 그랬다. 매의 눈처럼 깊고 매서운 눈초리가 남편을 향하자 남편은 자기도 모르게 앞에 가 앉았더란다. 그로부터 일박 이일간 혈투가 시작되었다. 고수의 승리가 계속됐다. 거의 한두 집 차이였다. 그 작은 차이가 사람을 미치게 했다. 석패가 계속되자 오기가 솟았지 싶다. 고수는 무한한 인내심을 가지고 끝없이 덤비는 남편을 받아주었다.

탄식하던 훈수꾼들도 돌아가고 주인마저 사라진 기원에서 밤새 이루어진 대국. 담배 연기 대신 공간을 가득 메우던 남편의 분노와 좌절이 서린 뜨거운 입김들. 희붐하게 여명이 들던 창이 환히 밝고 나서야 남편은 돌을 던졌다. 구겨진 셔츠 자락을 매만지며 머리가 헝클어진 고수가 피곤에 찌든 표정으로 묘한 미소를 지었다. 그때야 비로소 남편은 알았단다. 진정한 고수는 저 높은 곳에 있는 자가 아니라 나보다 딱 한 수 앞서 있는 자라는 것을. 그리고 그 딱 한 수는 고수만이 할 수 있다는 것을. 자리를 털고 일어서는데 감당할 수 없는 막막함이 엄습해오더라고 했다.

여러 날 복기에 매달렸다. 입안이 다 헐었다. 온전히 기억하지는 못했지만 어떤 부분만큼은 선명히 떠올랐다. 그런데 마치 데자뷔처럼 많은 대국에서 같은 부분들이 겹치더란다. 다시 말해 남편은 같은 실수를 반복했던 거였다. 패착은 패턴의 극점, 즉 고유 기풍이 한껏 기세를 떨치고 난 직후에 찾아오곤 했다. 남편 기풍은 행마는 화려했으나 실속이 없었다. 남편은 각고 끝에 패착을 해결할 묘수를 생각해냈다. 물론 그 수는 나만의 기풍을 거두고 상대를 직면할 좌표에 놓였다.

결국 기풍이란 상황에 대응하는 감정 패턴인 모양이다. 사람이 감정을 뜻대로 조절할 수 있다면 바람처럼 자유로울 수 있을까. 인간인 이상 그럴 수 있는 사람은 없다. 바둑을 둔다는 것 또한 승勝이라는 정처 없는 부표에 가닿는 게 아니라, 복기를 통해 자신을 살피고 되돌아보는 과정을 일컬음이 아닐까. 신의 한 수는 거기에 비롯한 조율에서 생긴다. 그것이 바둑의 진정한 묘미가 아니겠는가.

며칠 뒤 이세돌은 알파고와 4차전에서 승리를 거두었다. 검은 돌을 쥔 이세돌의 78번째 수를 사람들은 신의 한 수라고 부른다. 그 묘수마저도 다음번에는 통하지 않을 가능성이 크다. 알파고는 바둑을 두는 것이 아니라 승률 프로세스를 운용하는 중이니 말이다.

알파고는 승리를 원하고 인간은 신의 한 수를 바란다. 남편은 오늘도 인터넷 바둑을 둔다. 마우스를 쥔 손바닥이 땀으로 미끈거린다. 나는 혀를 끌끌 차며 들고 온 과일 접시를 내려놓는다. 딸깍, 방금 신의 한 수일지도 모를 검은 돌 하나가 놓인다.

신

카톡으로 사진 한 장이 날아든다. 꽤 넓은 현관에 온갖 신발들이 뒤섞여 널려 있는 사진이다. 요즘 한창 회자 되는 '신천지'를 풍자한 모양이다. 신이 이토록 많으니 신천지가 틀림없다. 천지란 경상도 사투리로 매우 많다는 뜻이다. 얼마 전 코로나19 백신이 흰 고무신이리는 유미도 접했는데, 이린 발상을 하는 사람들 기지에 절로 감탄이 나온다. 종교도 없고 종교에 대한 편견도 없는 나이지만, 덕분에 종교와 관계없이 잠시 웃는다.

기왕 이런 사진도 보았겠다, 현관에 놓인 신발들을 정리하기로 한다. 달랑 두 식구가 사는 우리 집 현관도 만만치 않다. 며칠 전 가까운 산을 다녀온 등산화 옆에는 농장에서 신었던 검은 고무신이 바닥에 진흙이 말라붙은 채로 벗겨져 있다. 날이 더워져 신으려고 꺼냈던 샌들은 발 앞쪽이 너무 조이는 바람에 신지도 못하고 버리지도 못해 구석으로 밀쳐놓았고, 꼬질꼬질 때가 묻은 운동화는 결국 뒤축을 꺾어 신는 막신 신세로 전락해 널브러져 있다.

신발장 문을 열고 당장 신지 않는 신들을 챙겨 넣는다. 신장 안에 있던 더 많은 신이 나를 바라본다. 오랫동안 신지 않았던 장화도 보이고 겨울 부츠도 보인다. 이제는 신지 못하는 하이힐도 보이고 한복 밑에 신는 꽃신 한 켤레도 보인다. 그리고 낱낱이 거론할 수 없는 다양한 신들이 신장 깊숙한 곳에서 지그시 눈을 감고 있다.

그러고 보니 나는 참으로 많은 신을 신고 살아왔다. 신들은 저마다 개성이 강해서 자신에게 맞는 상황과 조건을 요구했다. 나는 거기에 맞도록 신을 선택해서 신었다. 비가 오면 장화를, 눈이 오면 부츠를 신었다. 데이트 갈 때는 하이힐을, 산을 오를 때면 등산화를 신었다. 각각의 신들은 내가 원하는 곳으로 나를 데려다주었다.

신들은 내 발에 꼭 붙어서 한 몸이라도 된 것처럼 나와 함께 살았다. 값이 싸고 발이 편한 신발을 사기도 했고, 발이 불편해도 값이 비싼 신발을 사기도 했다. 묘하게도 신을 바꿔 신을 때마다 마음이 달라지는 것을 느끼는데, 이를테면 하이힐을 신은 나와 등산화를 신은 나는 어딘지 모르게 다른 사람 같기도 하다. 나는 내가 신은 신에게 최대한 충실하려고 노력했던 것 같다. 내가 선택한 신이지만 때때로 그 신에게 지배를 받았던 셈이다.

 이렇게 나처럼 신에게 지배받았던 이들을 나는 어린 시절부터 알고 있었다. 그중 내가 제일 처음 접한 이는 신데렐라였다. 신데렐라의 신은 유리 구두였다. 모두가 익히 알고 있듯이 유리 구두의 지배를 받은 이는 신데렐라뿐이 아니다. 그녀 계모와 이복 자매들, 심지어 신데렐라를 사랑한 왕자도 마찬가지였다. 유리 구두 한 짝씩을 들고 서로를 찾는 신데렐라와 왕자에게 유리 구두라는 신은 사랑이었을 테고, 계모와 이복 자매들에게 유리 구두라는 신은 부귀영화였다.

 이들은 유리 구두를 신고, 벗고, 잃고, 쫓고, 찾으며 살아갔다. 인간의 발이라는 가장 낮은 곳에 신겨지는 신이 그들을 가장 높은 곳으로 데려다줄 것이라는 끝없는 희망을 품으면서 말이다. 한참 나이가 든 후에 두 짝의 유리 구두를 신은 신데렐라가 과연 나시는 신을 바꿔 신지 않았을까 하는 터무니없는 생각을 하기도 했다.

 신을 신기 위해 애를 쓴 신데렐라와는 달리 신을 벗기 위해 몸부림친 이도 있다. 분홍신의 카렌이다. 이 소녀는 아름다운 분홍신에 이끌려 신을 신고 춤을 춘다. 그런데 카렌은 춤을 멈출 수도 없고 신을 벗을 수도 없다. 언제까지나 분홍신을 신고 춤추며 떠돌아야 한다. 누군가가 카렌에게 분홍신을 신는 순간 영원히 벗을 수 없다는 주문을 걸었기 때문이다. 물론 이 나이가 되면 분홍신이 인간 욕망을 비유한 것이라는 것쯤은 알게 된다. 그래도 신을 신고 있는 것이 괴로우면 그저 멈춰서 신을 벗으면 그만이지 발목까지 잘랐다는 결말은 지금도 받아들이기가 어렵다.

 신은 신는 것이지 먹는 것이 아니다. 그러나 무성영화 〈황금광시대〉에서 찰리 채플린이 신던 구두를 삶아 놓고 격식을 차리며 먹는 장면을 보면 생각이 달라진다. 급하면 신이라도 삶아 먹는 것이 인간이다. 신보다도 살아남는 것이 우선이기 때문이다. 어느 시인은 때로는 팥알을 씻어 절간에 다니고, 때로는 개척교회 돌계단을 오르는 어머니를 두고 '어머니에게 절대적인 것은 생활이어서/ 바퀴벌레처럼 어두운 이 삶이 펴지지 않으면/ 저 신의 운명도 오래가지 못하리라.'* 하고 읊었다. 이 시를 읽으며 절간에 가는 어머니 발에 신겨있는 흰 고무신과 교회 돌계단을 오르는 굽 낮은 구두를 떠올렸다.

 신에 관한 믿을 수 없는 이야기도 있다. 나이 구십에 돌아가신 아버지는 병원을 찾은 내 손을 은밀하게 잡으며 이야기하셨다. 어느 날 논둑을 가다가 쓰러지셨는데 당신이 죽어 있더란다. 그러니까 영혼이 몸속에서 빠져나와 쓰러진 자신을 바라본다는, 어느 영화에선가 본 듯한 이야기였다. 그런데 그때 기분이 마치 오랫동안 발을 조이던 신을 벗어버린 느낌이라고 하셨다. 말할 수 없이 시원하고 편안하고 자유롭더라고 말하는 목소리가 너무 맑아서 덜컥 그 말을 믿고 말았다. 그래서 죽음이 두렵지 않다던 아버지는 두 달 후 편안한 얼굴을 남기고 돌아가셨다.

하기야 육신을 벗으면 신은 신을 필요가 없다. 황야를 헤매던 예수님이 장화를 신고 있었다거나, 들판에서 구도하던 부처님이 운동화를 신고 있었다는 이야기를 들어본 적은 없다. 그분들이 신이어서 신을 신지 않았는지, 신을 찾기 위해 신을 벗어버렸는지는 모를 일이다. 어쨌든 맨발로 신에게 다가간 것은 신을 벗지 않으면 진정한 신을 만날 수 없다는 가르침 같기도 하다.

잡다한 신들을 정리하고 나니 현관이 한결 환하다. 지난여름에 즐겨 신고 다녔던 살구색 구두를 내놓는다. 슬쩍 한 발을 넣어본다. 내일 이 신이 모처럼 나를 글쓰기 모임에 데려다 줄 것이다. 나는 신이 나를 너무 조이지 않도록 발뒤꿈치 끈을 조금 풀어 본다.

*송경동, 시 〈당신의 운명〉 중에서.

진달래

 황홀한 행진이다. 연약한 꽃의 모습이 아니라 역동적인 꽃의 행동이다. 바싹 마른 가지 끝마다 분홍 댕기를 달고 나온 저 무리. 연두도 초록도 한 점 없는 삭막한 산자락에 분홍 행렬이 이어진다. 열기가 퍼지고 술렁이는 나무들 사이로 소문이 건너간다.
 정오만 지나도 산그늘이 덮이는 산골 마을이 그녀 고향이었다. 어머니가 갈고리 같은 손으로 땅을 일구고, 밤새도록 베를 짜도 집안 형편은 갈수록 궁핍해졌다. 해마다 얼었던 땅이 푸석해지고 진달래가 피면 어김없이 보릿고개가 찾아왔다. 설익은 보리에 나물을 섞어 끓인 죽으로 아침상을 차렸다. 허기진 배를 달래며 땔감을 구하러 뒷산에 오른 그녀는 꽃잎을 따먹었다. 달차근하고 쌉싸래한 맛이 혀끝에 남았다.
 고향 산천에 진달래가 필 무렵이었다. 동네 언니가 부산에 취직자리를 알선해 주었다. 공장에서 일하면 산골에서는 꿈도 못 꿀 돈을 벌 수 있다고 했다. 집에는 아버지 사업 실패로 빚쟁이들이 몰려왔고, 동생들은 상급학교 진학을 앞두고 있었다. 양 볼에 이제 막 진달래색 홍조를 띠기 시작한 순박한 소녀였던 그녀는 집을 떠났다. 따라오며 눈물을 흘리는 어머니 눈가가 짓물렀다.

공장에 출근한 첫날, 가슴은 두방망이질했다. 동네 방앗간보다 큰 건물도, 잔치마당에 모인 것보다 많은 사람도 처음 보았다. 어머니 베틀보다 열 배는 커 보이는 직조기도 생경하기는 마찬가지였다. 수많은 씨줄과 날줄이 철커덕거리며 교차했다. 설렘과 두려움으로 얼굴이 붉어진 그녀는 그날부터 직조기 앞에서 베를 짰다. 연장 근무도 철야 작업도 마다하지 않았다. 좀 더 많은 월급을 받아 집으로 보낼 생각뿐이었다. 월급날이 되어도 옷 하나 사 입지 않았다. 빨고 빨아 얇아진 작업복 한 벌이면 족했다. 그보다는 어머니에게 사 보내는 고무신 한 켤레가, 동생에게 전해질 책 한 권이 중요했다.

고된 노동이 한겨울 바람처럼 여린 몸을 몰아쳤다. 비몽사몽 쇠 빗에 손을 찔리기도 했다. 손가락 끝에서 빨간 핏방울이 돋았다. 때로는 땀 한 방울이, 때로는 눈물 한 방울이 그 위로 떨어졌다. 핏방울이 퍼지며 작업복 위에 진달래꽃으로 피어났다. 그럴 때마다 그녀는 고향을 떠올렸다. 그렇게 수많은 진달래가 피고 지며 세월이 갔다.

어느 작가 말처럼 진달래는 가난한 집안의 딸들을 닮았다.*
먹을 것이 없어도, 치장할 것이 없어도 소녀는 피어난다. 가슴
시리도록 화사한 분홍빛으로, 눈물겹도록 얇은 꽃잎으로 피어
난다. 아무리 주위를 둘러보아도 그들의 개화를 축하하는 이는
없다. 온통 무채색의 차가운 숲속에서 그저 온 힘을 다해 여
린 숨을 뿜어낼 뿐이다.

숲은 안다. 겨울 냉기가 가시지 않은 숲속에서 누구도 기척
을 내지 못하던 때에 저 가냘픈 꽃이 첫걸음을 내디뎠다는 것
을. 사실 숲은 그녀들의 뜨거운 입김에 짐짓 놀랐는지도 모르
겠다. 그러나 키가 큰 나무들은 진달래를 굽어보며 그렇다고
설마 봄이 오랴, 냉소를 지었을 수도 있다. 어쩌면 해마다 꽃
샘바람이 분다는 것도 알고 있었으리라. 잎맥마저 얼비치는 꽃
잎은 온몸을 휘감는 찬바람에 얼고 시든다. 동통을 이기지 못
하고 가지에서 눈물처럼 흘러내린다. 이번에는 허무감으로 숲
이 잠깐 술렁인다.

그러나 진달래는 굴하지 않는다. 떨어진 꽃잎을 지르밟으며
들불처럼 숲속으로 퍼진다. 꼬리에 꼬리를 물고 피어나 행진하
며 숲속을 덮는다. 여린 눈물을 삼킨 대지는 비로소 가슴을 풀
어헤친다. 뜨거운 심장 소리를 듣는다. 설렘이 온 숲에 넘쳐난
다. 분홍 발자국을 따라 새로운 출발선을 넘는 무수한 초목들
입김으로 숲에는 아지랑이가 가득해진다.

세월은 지나간 것들을 덮어버리는 무심한 물결이다. 점점 진

달래는 잊혔다. 소녀는 여인이 되고 엄마가 되고 할머니가 되었다. 겉은 투박하고 강인해 보였지만, 속은 여전히 여리다는 것을 가족들도 잘 알지 못한다. 고난이 닥치면 또다시 용기를 내는 그녀를 당연히 여긴다. 그래도 그녀들은 때가 되면 묵묵히 피곤 했다.

산업화가 본격적으로 시작된 60년대 후반부터 이 땅에 수많은 소녀가 행렬을 이루며 공장으로 행진했다. 진달래가 피는 고향을 떠나서 도시로 몰려들었다. 직조공장, 신발공장, 가발공장, 봉제공장, 주로 노동집약적인 분야들이었다. 그곳에서 그들은 가난한 집안을 위해, 척박한 나라를 위해 자신들의 세월을 바쳤다. 눈을 씻고 봐도 희망이라고는 보이지 않았던 혹독한 시기에 기꺼이 봄의 선봉에 섰다.

그러나 막상 온전한 봄이 되면 흔적도 없어진다. 열매조차 가지지 않는다. 흔하디흔한 작은 초록 잎사귀를 매단 채 이름 없는 초목으로 살아간다. 꽃이 진 진달래를 누가 알아보겠는가. 이제는 나라가 선진국 대열에 들어섰다고들 한다. 우리도 더 이상 나물죽으로 배를 채우는 일은 없다. 성장의 여름을 지나 결실을 거두는 가을에 들어선 모양새다. 하지만 뜨거운 심장으로 피어나 겨울을 물리치고 봄을 부른 진달래 같았던 소녀들을 기억하는 사람들은 많지 않다.

진달래는 아직은 얼어 있는 대지에 보내는 열렬한 입맞춤이다. 온갖 꽃들이 만개하는 찬란한 봄을 바라는 희망의 빛깔이다. 새로운 삶을 향하여 나아가는 용기 있는 행진이다. 이 봄에 피는 진달래 한아름을 그 시절 그 소녀들에게 바친다.

*정승윤, 수필 〈진달래〉 중에서.

새

 창밖은 흐리다. 저만치 고층 아파트 지붕 위로 회색 공간이 아득하게 펼쳐져 있다. 미세먼지와 엷은 구름으로 찌푸린 하늘은 다소 무거워 보인다. 이런 날에는 새가 오지 않는다. 새가 날지 않는 하늘은 정적이 고여 있는 허공이다. 그 허공을 바라보며 나는 새 한 마리를 기다린다.
 얼마 전부터 산사나무 가지에 새가 날아오곤 했다. 빨갛게 익었던 열매들도 다 떨어지고 아직은 잎이 나지 않은 늦겨울, 빈 가지에 앉아서 연신 좌우를 살피다 창문을 기웃거렸다. 새에게 늦겨울은 가장 혹독한 시기이다. 썩지 않고 남아 있는 열매를 구하기 위해 아파트 화단까지 날아왔을 것이다. 언뜻 나와 눈이 마주치자 땅에 떨어져 건포도처럼 말라 있는 작은 열매 하나를 물고는 휙 날아갔다. 궤적을 따라가며 유리창이 물결쳤다. 손바닥만 한, 온몸이 짙은 회색 깃털로 덮여 있고 배에 흰 털이 나 있는 그저 그런 새였다. 그 새가 나에게 한 여인의 모자에 꽂혀 있던 깃털 장식을 떠올리게 했다.

짙은 갈색 투피스를 입고 모자를 쓴 육중한 몸매의 그녀가 커다란 트렁크를 들고 사막을 걷고 있었다. 방금 부부 싸움 끝에 남편이 그녀를 사막에 버리고 갔기 때문이다. 구둣발이 모래밭에 푹푹 빠졌다. 모자에 달린 깃털 모양이 모래바람으로 뿌연 허공을 향해 뻗어 있었다. 그 때문일까. 몸도 가방도 무거운 그녀에게서 왠지 자꾸만 새를 연상했다.

그녀는 영화 〈바그다드 카페〉의 주인공 야스민이다. 영화에는 내내 새 한 마리도 나오지 않았다. 단지 그녀처럼 삶이 무거운 사람들이 사막 한가운데 허술하기 짝이 없는 바그다드 카페에 모여 울고 웃는 이야기를 보여줄 뿐이었다. 야스민에게는 마술이라는 숨겨진 특기가 있었다. 그것도 그저 가벼운 속임수를 쓰는 허접한 마술일 뿐이지만. 하지만 가출 소녀, 삼류 화가, 사막을 횡단하는 트럭 운전사들, 모두 절망과 무기력에 절어 있는 사람들을 웃게 하는 마술이었다. 그 덕에 밤마다 바그다드 카페에서는 웃음소리가 흘러넘쳤다. 그럴 때마다 그들에게서 깃털이 하나씩 돋는 상상을 하며 나는 살짝 진저리를 쳤다.

새가 나는 것은 언제나 마술 같다. 마술사의 검은 주머니에서 나온 흰 비둘기가 새들 조상인 것은 아닐까. 물론 그럴 리는 없다. 아득하고 아득한 어느 날 문득 후드득 날았던 한 존재가 있었다. 뭇 생명들로 지구가 들끓던 때이리라. 바다를 가득 채운 생명은 땅으로 밀려 올라왔고, 곧이어 땅도 생명들의 생존경쟁으로 치열해졌다. 먹고 먹히는 전쟁터에서 언제나 약자는 생긴다. 더 이상 안전지대는 없다. 포식자를 피해 나무 위로, 가지 끝으로 몰린 누군가의 앞에는 허공만이 놓였을 뿐이다. 그 허공으로 아직은 뜨거운 몸을 던진다. 살기 위해 삶을 버린 순간 몸이 떠오른다. 어쩌면 난다는 것은 삶이 가장 무거운 순간에 찾아오는 마술은 아닐는지.

새에게도 척추는 있다. 척추는 새가 한때는 철저하게 지구 중력을 받으며 살아가던 존재였다는 것을 증명한다. 둥근 사과조차도 벗어날 수 없었던 중력을 새는 어떻게 떨쳐냈을까. 날기 위해서는 우선 가벼워야 한다. 가벼워지려면 버려야 한다. 새는 새가 되기 위하여 무엇을 버렸을까. 아마도 몸에 축적해 놓은 모든 것을 버렸을 것이다. 쓸데없는 피하지방과 괴도한 혈류를 버리고 뼛속까지도 비웠다. 단지 날갯짓을 위한 최소한 근육만이 남았다. 그러나 새가 버린 가장 무거운 것은 땅을 딛고 살아야만 한다는, 마치 중력과도 같은 거대하고 끈질긴 의식이다. 새는 벼랑 끝에서 허공을 향해 몸을 던짐으로써 그 의식의 고리를 벗어나 마침내 새가 되었다.

그럼으로써 새는 순간을 산다. 순간 같은 하루하루를 산다. 새는 아무것도 모아두지 않는다. 순간의 생존에 몰입되어 있으므로 새에게 내일이란 다만 또 다른 허공일 뿐이다. 비록 땅에서 열매를 찾을지언정 새의 영토는 허공이다. 허공을 디디며 날고, 갈피에 몸을 숨긴다. 누구도 수명을 궁금해하지 않아도 그저 새는 순간 같은 영원을 살아간다.

야스민의 마술이 불러낸 웃음은 정말 마술이었을까. 눈물 같은 웃음을 흘린 이들이 조금씩 가벼워졌다. 깃털이 하나둘 돋은 이들은 자신이 디딘 벼랑 앞에 놓인 허공을 응시했다. 어쩌면 이전과는 다른 삶이 가능한 것은 아닐까. 가벼워진 그들은 서로 용서하고, 이해하고, 껴안았다. 이제 곧 날 수 있을 것 같기도 했다. 그러나 영화 속에서도 현실은 현실이다. 돌연 야스민이 떠났다. 바그다드 카페에 불이 꺼지고 사막에는 황량한 바람만이 불었다.

살아간다는 것은 여전히 무겁다. 성취의 이면에는 늘 짙은 그림자가 따른다. 모든 문제가 해결된 완벽한 인생이란 있을 수 없는 모양이다. 이만하면 되었다 싶어 한숨을 돌리면 돌연 무언가가 뒤통수를 친다. 툭하면 허방을 디디고 넘어진다. 욕심이 화를 부른다는 금언을 새기며 마음을 비우려 애쓴다. 낮아지고 낮아진다. 인간 세상에서 낮아지는 것은 밀려나는 것인가. 문득 내 발끝이 벼랑을 디디고 있다고 생각될 때가 있다.

모래바람으로 뿌연 허공을 향해 누군가가 부메랑을 던졌다. 부메랑이 바그다드 카페 지붕을 지나 새처럼 날아갔다. 때마침 〈Calling you〉라는 주제곡이 흘러나왔다. 마치 멀리 날아간 새를 부르는 듯 가수의 목소리는 집요하게 허공을 향해 뻗어

갔다. 부메랑이 돌아오고, 먼지 날리는 도로를 건너오는 육중한 몸매의 그녀와 큰 트렁크가 보였다.

오늘처럼 흐린 날은 몸도 마음도 자꾸만 처진다. 허공으로 돌을 던져 물수제비라도 뜨고 싶다. 내친김에 유튜브를 뒤져 〈Calling you〉를 찾는다. 창문을 열고 새를 부른다. 새가 보이지 않아도 나는 여전히 새를 기다린다.

끝내주는 남자

　세상 온갖 잡다한 소리를 뒤섞은 것 같은 소음과 함께 파란색 트럭이 아파트 입구에 머리를 내민다. 국기 게양대 밑에서 햇볕을 쬐고 있던 길고양이 한 마리가 슬며시 일어나 낡은 건물 뒤로 꼬리를 감춘다. 그 뒤로 또 한 대의 트럭이 따라오고 있다. 나는 손을 들어 신호를 보낸다. 트럭에서 남자 네 명이 내린다. 그들 중에서 대장으로 보이는 그를 한눈에 알아본다.
　땅속에서 울려 나오는 것 같은 깊고 허스키한 음성이었다. 전화기 너머에서 생면부지의 그가 급한 일이냐고 물었다. 나는 기어드는 목소리를 겨우 끌어내었다. 네. 하루라도 빨리 일을 끝냈으면 합니다. 필사적으로 매달리는 느낌을 받았는지 그가 이틀 뒤 정오 무렵 현장을 찾아가겠다고 답했다. 말꼬리가 사라지기 전 집안에 물건이 가득하다고 급히 덧붙였다. 그는 잠시 침묵했다. 그런 것은 다 괜찮습니다. 전화가 끊어졌다. 나는 쓰레기 처리업체라고 등록된 전화번호에 아파트 주소와 동호수를 문자로 남겼다.

집안에는 물건이 가득했다. 아니 정직하게 말하면 그것들은 물건이 아니라 쓰레기들이었다. 20평 남짓한 실내에는 발 디딜 틈이 없었다. 용도를 알 수 없는 온갖 물건들과 옷가지들, 크고 작은 상자들과 플라스틱 용기와 병들, 뒤엉킨 비닐들, 때 묻은 이불과 나뒹구는 약병들, 방과 거실, 부엌에도 생활 쓰레기들이 작은 산처럼 쌓여 있었다. 차라리 집 안 자체가 커다란 쓰레기통이었다.

막상 눈으로 확인하고 나니 현관문을 열기 전에 느꼈던 두려움은 한결 줄어들었다. 그러나 그곳에서 내 혈육의 손길과 숨결이 느껴지는 순간 망연자실해졌다. 혈관의 모든 피가 빠져나가고 비어버린 혈관으로 뻑뻑한 슬픔이 몰려들었다. 나는 쓰레기 더미 앞에 주저앉아 한참을 소리죽여 울었다.

사실 짐작하지 못한 바는 아니었다. 지난 오 년 동안 집주인은 어둠 속에서 고립된 섬처럼 살았다. 먹기 위해 들여온 것은 있어도 내간 것은 없었다. 누구의 접근도 허락하지 않았다. 창마다 두꺼운 천을 드리우고 한 줌 햇살도 들어오는 것을 막았다. 혈육에 대한 원망과 스스로에 대한 자괴감으로 항상 퍼렇게 날이 서 있었다. 몇 번 폭력적인 상황들이 발생하자 우리는 서로 접촉을 피할 수밖에 없었다. 속수무책으로 시간이 흐르는 동안 그는 자신을 내면의 벼랑 끝으로 몰아갔지 싶다. 그는 살기 위해 산 것이 아니라 죽기 위해 살았을 것이다.

대장은 키가 크고 건장한 체격인데 뻣뻣한 곱슬머리를 길러 뒤로 묶고 있다. 검은 모자를 쓰고 검은 마스크로 얼굴을 가리고 있어 인상을 알 수 없다. 다만 길게 찢어진 두 눈의 깊이가 그의 목소리를 연상하게 한다. 두꺼운 장갑에 작업화까지 신은 대장 손에는 '빠루'라 불리는 기다란 쇠막대기가 들려 있다. 긁히고 우그러지고 앞 유리에 금까지 간, 어디 성한 곳 하나 없어 보이는 트럭들과 함께 나타난 그는 세상 온갖 폐허를 거쳐 온 전사처럼 보인다.

앞 베란다에서 뒤 베란다까지 집 안을 둘러본 그가 남길 물건이 있는지를 묻는다. 나는 고개를 젓는다. 이 물건들 주인은 지금 대학병원 중환자실에 있다. 벌써 보름째다. 보름 전 그는 생사의 기로에서 오 년 만에 전화를 해왔다. 119 도움을 받아 가까운 병원에 갔으나 큰 병원으로 가라는 말만 들었다. 대학병원에서는 몸속에 염증이 퍼져 성한 장기가 없다고 했다. 다급하게 수술했지만, 패혈증까지 와 중환자실에서 장담할 수 없는 시간을 견디고 있다. 그런 그가 겨우 입술을 열어 집 안 모든 것을 버려달라고 부탁했다. 하나도 남김없이. 나는 그의 눈에 마치 죽음과도 같은 새까만 절망이 드리워지고, 그리고 잠깐 희미한 희망이 어리는 것을 동시에 보았다.

빠루는 인정사정이 없다는 점에서 자애로운 도구다. 절명하는 순간을 그만큼 줄여주니 말이다. 몸집 큰 장롱도 대장 손길 한 번에 아무런 저항 없이 무릎을 꿇는다. 모진 미련을 가차 없이 끊어주는 카리스마에 존재의 끝에 서 있던 물건들은 조용히 순종한다. 때가 왔음을 알고 서럽고 아픈 시간이 밴 허물을 버린다. 그들은 형태를 버리고 색을 버리고 이름을 버리고 마침내 상처마저 버린다. 돌이킬 수 없는 경계를 넘어 스스로 쓰레기임을 자각한다. 마침내 물건에서 오욕칠정의 짙은 물이 빠진다. 물건은 세상에 모습을 드러낼 때부터 소멸의 운명을 타고 난다. 다만 인연에 따라 쓰이고 닳고 상처를 입으며 나름 과정을 거칠 뿐이다. 그리 보면 한 인간의 인생이나 한 물건의 여정이나 다를 바가 없다.

그가 큰 물건들을 처리하는 동안 다른 사람들은 자루에 잡다한 것들을 넣어 나른다. 이불과 베개가 자루를 채운다. 화장실에서 쏟아져 나온 물건들과 마지막까지 손에 들려 있었을 약들을 한 자루에 쓸어 담는다. 버려지는 것은 물건들만이 아니다. 그것들과 함께 몸부림쳤던 시간, 소통하기를 마다하고 용서하기를 거부했던 어둡고 핍진한 마음을 긁어내어 버린다. 그 절망을 짊어진 남자들이 절뚝거리며, 휘청거리며 계단을 내려간다. 수없이 오르내리는 동안 얼굴은 땀범벅이 된다.

대장은 내가 따라준 물 한 잔을 마시고 신발장을 뜯어낸다. 마지막 가구다. 이리저리 쳐놓은 줄들을 걷고 못을 뺀다. 빗자루로 바닥을 쓸자 모든 것이 비워진 공간이 다가온다. 열어놓은 창으로 시원한 바람이 불어오고, 오후 햇살이 서쪽 베란다를 통해 깊숙이 들어온다. 마침내 끝이 났다. 마치 죽은 것처럼 모든 물건을 다 버렸다. 이제 삶은 새로운 탄생을 원한다.

차에 올라타 시동을 걸던 대장이 차 창문을 내리더니 검은 마스크를 턱 아래로 끌어내린다. 의외로 섬세한 입매를 가진 남자이다. 한 사람 인생 뒤에는 그만의 이야기가 있지요. 그 이야기를 모두 이해하기란 어려운 일입니다. 이건 그저 제 직업에서 느끼는 생각입니다. 그는 피로해 보이는 얼굴로 희미하게 웃는다. 나는 고개 숙여 인사한다. 끝내주셔서 감사합니다. 그가 차 창문을 올리자 트럭들이 출발한다. 타인의 절망으로 납작해진 타이어가 오체투지를 하며 천천히 굴러간다. 그들이 시야에서 사라지자 텅 비어버린 집 안처럼 내 가슴도 텅 빈 것 같다.

인테리어 업체를 수소문해 집수리를 부탁했다. 이제 이곳으로 새로운 기운이 흘러들 것이다. 끝내주는 남자가 다녀가고, 사흘 후 병원으로부터 동생이 고비를 넘겼다는 전화를 받았다.

성냥팔이증후군

 창 안은 환하다. 샹들리에 불빛 아래 크리스마스트리가 반짝인다. 벽난로에서도 불빛이 쏟아진다. 식탁을 둘러싸고 앉아 있는 가족들 사이로 가벼운 웃음소리와 식기 달그락거리는 소리가 섞여 든다.
 창밖은 까맣다. 달도 보이지 않는 밤이다. 희끗희끗 날리는 눈의 잔광은 창문에 닿자마자 빛을 잃는다. 눈이 흩날리며 밤하늘이 더욱 어두워진다.
 창문을 사이에 두고 극명하게 나뉘는 빛과 어둠. 그 경계의 바깥, 창문 아래에 성냥팔이 소녀가 웅크리고 있다. 소녀 손에 쥐여 있는 마지막 성냥 한 개비. 나는 그림책을 탁 덮는다.
 애초에 그림책을 펼친 것이 잘못이다. 물론 이 이야기 끝은 알고 있다. 왕비 계략에 빠졌던 백설 공주도, 계모의 지독한 괴롭힘에 시달렸던 신데렐라도 끝에는 행복을 찾았다. 비록 왕

자라는 변수가 작용했더라도 말이다. 그런데 성냥팔이 소녀의 서사는 왜 이런가. 그녀가 처해 있는 혹독한 현실과 가혹한 결말이 명치끝을 묵직하게 누른다.

나는 이야기의 슬픈 결말을 직시하지 못한다. 장애 아닌 장애다. 소설을 읽다가 갖은 고난을 겪은 주인공이 쓰러질 즈음이 되면 더 이상 페이지를 넘기기가 힘들다. 영화를 보다가도 삶의 벼랑 끝으로 다가서는 주인공을 끝까지 지켜보지 못하고 황급히 채널을 돌린다. 그럴 때면 지레 이야기 결말을 예단하고 포기해버린다. 스스로 진단한 '성냥팔이증후군'이다.

그러나 그렇게 자리를 털고 일어났다고 해서 끝나는 게 아니다. 마지막까지 주인공과 함께하지 못했다는 자책이 뒤따른다. 마치 내가 그들을 버리고 도망이라도 친 것 같다. 아니다. 좀 더 솔직히 말하면 내가 외면한 것은 그들의 절망이다. 지난한 고통 끝에 맞닥뜨리는 절망, 그것을 다시 보고 싶지 않다.

"성냥 사세요. 성냥 사세요."

이 이야기에 나오는 소녀의 유일한 대사다. 찬바람이 부는 거리에서 사람들은 그냥 그녀를 지나친다. 그들은 성냥이 필요하지 않거나, 추운 날씨에 주머니에서 손을 빼고 싶지 않을 수도 있다. 아니면 바람 소리 때문에 가냘픈 그 소리를 못 들었을 수도 있다. 어쨌거나 성냥팔이 서사는 거부로 점철된다.

나는 십 대 시절에 세상으로부터 거부를 당한 적이 있다. 중학교를 중퇴했다. 집안 형편이라는, 내 뜻과는 전혀 상관없는 이유 때문이었다. 아무 데도 갈 곳이 없었다. 거리를 배회하고 골목을 전전했다. 무작정 걷고 또 걸었다. 지나가는 내 그림자를 보고 개가 컹컹 짖었다. 하릴없이 뜬 낮달처럼 그렇게 낯선 동네 모든 집을 지나쳤다.

노을이 졌다. 몇몇 소나무가 어스름한 하늘 갈피에 가지를 묻는 시간, 자그마한 바위에 앉아 어느 창문을 바라보았다. 거짓말처럼 피아노 선율이 흘러나왔다. 사위가 어두워질수록 창문은 밝아졌다. 선명해진 커튼 꽃무늬 사이로 내 짝꿍이었던 아이 그림자가 일렁였다. 순간 그 불빛 속으로 결코 다가갈 수 없는 것이 현실이라는 것을 확연히 깨달았다.

어두운 골목을 걸어 집으로 돌아오며 다시 거부되지 않으려면 스스로 멀어져야 한다고 생각했다. 나는 그즈음부터 타인의 문 앞에서 늘 먼저 등을 돌리곤 했다. 행여 다시 상처 입을까 두려워서 선택한 고독한 시간이었다. 절망이란 거듭된 거부가 쌓여 감당할 수 없을 무게로 가슴을 짓누르는 것일지도 모르겠다.

세 모녀가 숨진 채 집 안에서 발견되었다. 생활고 때문이라고 했다. 유명 연예인이 스스로 목숨을 끊었다. 악성 댓글로 인한 우울증이 원인이라고 했다. 어린 아들과 딸을 동반한 채 젊은 부부가 차를 몰고 바다로 돌진했다. 가장의 사업 실패 때문이었다. TV에 나온 심리학자는 그들이 그런 선택을 실행하기 전에 반드시 어떤 사인을 남긴다고 말했다. 주위에 도움을 청하는 신호인 셈이다.

　우편함에 쌓여 있는 고지서들, 먼지를 뒤집어쓴 채 집 앞에 놓여 있는 자전거, 뜬금없이 안부를 전하는 떨리는 목소리, 한강 다리에 서 있는 누군가의 긴 그림자. 앞을 가로막은 것이 절망이라는 벽이 아니라 희망이라는 문이기를 간절히 바라며 온 힘을 다하는 마지막 몸짓이다. '성냥팔이증후군'을 가까스로 이겨내며 문을 두드리는 소리다. 마음을 기울이지 않으면 들리지 않는, 아니 어떻게든 우리가 들어야만 하는 희미한 소리다.

　그림책을 다시 펼친다. 눈발은 그칠 기미가 없어 보인다. 눈은 소녀의 헝클어진 머리와 야윈 어깨 위에 계속 쌓이고 있다. 손에는 여전히 마지막 성냥개비가 쥐어져 있다. 나는 속으로 외친다. '애야, 마지막 성냥을 켜기 전에 제발 저 문을 두드려보렴. 누군가가 반드시 그 소리를 들을 거야.'

　나는 이야기 결말을 새로 쓰기로 한다. 소녀가 일어나 문 앞으로 다가간다.

　"똑, 똑, 똑."

　문을 두드린다. 가만히 귀를 기울인다. 웃음소리가 그치고 집 안에서 누군가 다가오는 기척이 들린다. 내 심장이 걷잡을 수 없이 뛴다.

방생

 아들 자전거가 도착했다. 바퀴도 두툼하고 뼈대도 굵은 것이 제법 실해 보였다. 그런데 자세히 보니 군데군데 칠이 벗겨져 있고, 핸들과 페달을 연결하는 파이프에는 날카로운 것에 찢긴 자국이 선연했다. 아들은 인편에 자전거만 실어 보내고 막상 저는 며칠 더 머물다가 돌아오겠다고 했다.
 아파트 단지 한쪽에 설치되어 있는 거치대에 자전거를 묶었다. 몸체에서는 거친 세상에서 묻어왔을 쇳내와 고된 일상에서 배어들었을 땀내가 났다. 핸들에 가만히 손을 얹어 보았다.
 아들이 처음 두발자전거를 배우던 날은 햇살이 무논의 물처럼 운동장 가득 찰랑거리던 날이었다. 세 살 터울 누나 자전거 꽁무니를 따라다니던 아들은 저도 타보겠다며 호기 있게 나섰다. 그동안 타던 세발자전거는 개울가에 두고 온 종이배처럼 놀이터에서 어디론가 홀연히 사라진 뒤였다. 남편은 페달에

발이 닿을 수 있도록 안장을 낮추고 아들을 들어 올려 자전거에 태웠다.

몇 날 며칠이 걸렸다. 남편이 뒤를 잡아주기는 했어도 여러 번 넘어져 무릎이나 팔꿈치가 까지기도 했다. 그래도 어린것이 포기하지 않고 줄기차게 올라타더니, 어느 날 기특하게도 혼자서 타기 시작했다. 비록 비뚤비뚤 비틀거리기는 했어도 말이다.

커갈수록 아들 자전거에는 속력이 붙었다. 아들이 바람을 가르며 단지 앞 도로를 달려 나가는 것을 아파트 베란다에서 지켜보았다. 차량 방지턱을 간단없이 넘는 것을 바라보기도 했다. 한결 어른스러워 보였다. 울퉁불퉁한 이 세상에서 균형을 잡으며 앞으로 나아갈 능력이 아들에게 생긴 것 같았다. 햇살을 받으며 달려가는 자전거가 세상이라는 바다를 향해 힘차게 꼬리치며 나아가는 한 마리 물고기처럼 보이기도 했다.

아들은 대학을 졸업하고 몇 번 대기업 문을 두드리다가 한 중소기업 인턴사원으로 취직했다. 굴지 조선회사에 특채 기회를 준다는 조건에서였다. 아들은 바다를 면한 광활한 부지 내에 있는 회사로 출퇴근을 위해 자전거를 샀다. 이번에는 정말로 선조 중인 배가 떠 있는, 바다가 있는 곳으로 달려갔다. 마침내 세상이라는 바다로 방생된 것이다.

아들이 첫 출근을 하던 날, 몇 해 전 남해 보리암에서 물고기를 방생하던 일을 떠올렸다. 어느 양식장에서 눈을 뗬 치어들이 양동이에 가득했다. 뜰채로 건진 물고기 몇 마리를 넣은 비닐봉지를 들고 바닷가로 내려섰다.

들이치는 파도가 온순하게 잦아드는 갯바위 아래쪽을 골라 봉지를 풀었다. 투명한 봉지 속에서 말간 눈을 비추던 물고기들이 일순 바닷물 속으로 빨려들어 갔다. 그러나 바다는 어린 물고기들을 쉬이 받아들이지 않았다. 밀려가는 파도를 타고 사라졌던 물고기들이 다시 파도가 밀려오자 갯바위 아래 웅덩이로 되밀려와 맴을 돌았다. 그러기를 몇 번인가 하더니 마침내 물고기들이 사라졌다. 차갑고 막막한 바다로 어린 물고기들이 나아갔다.

집과 학교 울타리를 벗어나 처음 접하는 세상이 만만할 리는 없지 싶어 마음이 쓰였다. 동료들과 어울려 숙소 생활을 하는 터라 곁에 두고 보살필 수도 없었다. 그저 퇴근 시간을 가늠해가며 전화하곤 했다. 그럴 때마다 잘 지내고 있다는 밝은 목소리를 들었다. 아들은 직장생활의 어려움을 입에 올리지 않았다.

동료들은 오토바이로 출퇴근하는데 아들은 유독 자전거를 고집했다. 대부분이 평지라 제 발로 저어서 가는 자전거로도 충분하다는 것이었다. 하긴 크게 속력을 내는 길도 아니니 더 안전하다 싶었다.

오토바이 물결 속에서 당당하게 자전거를 타고 가는 아들을 상상했다. 실제로 TV에서도 그런 장면들이 나오곤 했다. 조선은 우리나라 중공업을 대표하는 산업이 아닌가. 독(dock)에서 건조

중인 커다란 배를 보면 뿌듯한 자부심도 느껴졌다.

그러나 조류가 변하듯 상황이 바뀌었다. 언젠가부터 조선 불황이라는 말이 전파를 타기 시작했다. 세계적인 경기 침체로 수주량이 급감했다고 했다. 관련 업체가 줄도산을 피할 수 없어 보인다는 내용도 보도되었다. 비어 있는 독 뒤로 차갑고 거대한 바다가 일렁이는 것이 보였다.

그즈음 집으로 돌아오겠다는 아들의 전화를 받았다. 애서 담담한 척했다. 아무 일도 아니라는 듯이, 살다 보면 이런 일들은 늘 있기 마련이라는 듯이. 사실 바다에서 끊임없이 파도가 일 듯 우리네 세상에서도 이런저런 부침은 끝이 없는 것 아닌가. 아니 파도가 바다를 살아 있게 하듯이 어쩌면 이런 일렁임 또한 삶의 원동력이 될지도 모를 일이라고 자신을 다독였다.

처음 경험한 바다가 아니던가. 세상이라는 바다를 헤엄치다 비늘 몇 개 떨어지고 꼬리지느러미에 상처를 좀 입었기로서니 무엇이 대수랴. 방생되었던 포구로 돌아와 잠시 쉬었다가 다시 바다로 나아가면 될 일이다. 그때는 지금의 상처가 도리어 갑옷이 되어주지 않겠는가. 상처를 이기고 돋은 비늘이 더 단단한 법이다. 나는 기름걸레로 자전거 흠집을 꼼꼼히 닦았다.

비었던 방을 청소하고 소고깃국을 끓인다. 쌀밥도 짓는다. 고봉으로 푼 밥그릇 위에 한 숟갈을 더 얹는 나를 보며 아들은 겸연쩍은 표정이다. 그러더니 금방 뚝딱 먹어 치우고는 자전거를 타고 나간다.

　자전거가 차량 방지턱을 훌쩍 넘어가는 것이 보인다. 등에 닿는 햇살이 비늘처럼 반짝인다. 바람을 가르는 소리도 들리는 것만 같다. 저 앞에서 푸른 세상이 일렁인다. 다시 한번 아들의 자전거가 세상으로 나아가고 있다.

패랭이꽃

 들여다볼수록 예쁘다. 앙증맞도록 작은 꽃에는 중앙의 꽃술을 중심으로, 흰 꽃에는 붉은 무늬가, 붉은 꽃에는 더 붉은 무늬가 둥글게 퍼져 있다. 마치 집시 여인이 겹치마를 입고 빙빙 돌며 춤을 추는 것 같은 착각에 빠진다. 작은 화병에 패랭이꽃 몇 송이와 풀줄기 두어 개를 꽂는다. 나지막한 탁자 위에서 축제가 시작된다.
 어버이날 집에 온 딸아이가 패랭이꽃 다발을 내밀었다. 친구 농장에 들러 꺾어온 것이라는데, 꽃대가 약해서인지 그새 조금 시들어 있었다. 별 포장도 없이 투명 비닐에 싼 꽃을 건네며 딸아이는 활짝 웃었다.
 유치원에 보낸 첫해 어버이날에 딸아이는 집에 오더니 모서리가 꼬깃꼬깃해진 카네이션을 내밀었다. 빨간 색종이로 접은 것이었다. 카드에는 서툰 글씨로 '엄마, 아빠 사랑해요.'라고 쓰여 있었다. 그 뒤로 아이가 만들어오는 카네이션은 점차 정밀해졌다. 꽃밥도 늘어나고 가슴에 달 수 있도록 옷핀도 붙여왔다. 좀 자라자 용돈을 아껴 생화 바구니를 사 왔다. 스물이 넘어서는 카네이션 꽃다발 밑에 얄팍하나마 용돈 봉투를 놓아두기도 했다.

카네이션은 희생과 감사를 상징하는 꽃이다. 오월에는 유독 값이 비싸다. 너도나도 찾는 까닭이다. 그러고 보면 카네이션은 이미 사회적 의미를 획득한 꽃이지 싶다. 자식을 낳아 희생을 마지않고 키우는 여성, 여자이기보다는 모성을 앞세우는 여성, 그런 여성에게 감사하는 마음을 전하는 꽃이 카네이션이다. 그 의미는 카네이션의 정체성이 되었다. 그것은 또한 어머니의 정체성이기도 하다.

가슴에 단 카네이션이 은근히 자랑인 시절도 있었다. 자식이 없는 인생은 부끄럽게 여겨졌다. 가부장적인 사회가 여성에게 어머니로서 삶을 강요했던 시대였다. 그런 편견이 좀 나아졌다고는 하지만 세월이 흔른 요즘도 카네이션은 여전히 여성의 삶 가운데 우뚝 피어 있다.

여성이 결혼하고 자식을 낳아 양육한다는 것은 자연적인 동시에 사회적인 삶이다. 그런데 출산율이 급격하게 떨어지고 있다. 이제는 출산율에 나라의 존폐를 걸어야 하는 시대가 되었다. 출산을 장려하는 정책들이 쏟아져 나온다. 또 다른 의미에서 어머니가 되기를 권하는 사회라고나 할까.

카네이션은 패랭이꽃 속에 속한다. 패랭이꽃을 개량한 것이 카네이션이라는 말도 있다. 꽃밥을 풍성하게 하여 크기를 키우고, 색을 단순화하여 지금의 안정적이고 카리스마 있는 꽃으로 만들었을 거다. 본래 화려한 색과 야생적인 기질을 포기하고 얻은 대가다.

아무래도 패랭이꽃은 카네이션에 비해 뭔가 허술해 보인다. 카네이션과 비교도 되지 않을 만큼 작은 데다 꽃대도 가늘다. 야산 둔덕이나 밭둑 메마른 땅에서 자란다. 한창 꽃을 피우는 오월이 되어도 사람들은 이 꽃을 찾지 않는다. 외로움은 사회적 속박을 거부하고 자유롭기를 바라는 패랭이꽃이 치르는 대가다.

대학을 졸업한 지 십 년이 지난 딸아이는 패랭이꽃을 닮았다. 사회 가운데로 진입하지 못하고 그냥 세상 언저리에 피어 있다. 흙으로 도자기를 빚으면서 가끔 붉은 치마를 입는다. 패랭이꽃이라고 카네이션이 부럽지 않을 리 없다. 친구들이 다 결혼하고, 아이를 낳고, 집을 사는 사이 딸아이는 금 가고 틀어진 도자기를 깨버리고 새 도자기를 구웠다. 나는 카네이션이 되지 못하는 딸아이를 보면서 때로는 가슴이 아렸다.

오랫동안 이런저런 사정을 알고 지내는 친구들이 나를 탓하기도 한다. 아이들 결혼 책임이 일부 부모에게도 있다고 말이다. 특히 엄마는 딸을 그렇게 내버려 두어서는 안 된다고 충고했다. 약간 강제적 수단을 동원해서라도 결혼시키라는 말을 듣기도 했다. 그런 말을 듣고 있으면 가슴이 덜컥 내려앉았다.

한번은 딸아이에게 직업과 결혼에 대해 진지하게 이야기를 꺼낸 적이 있었다. 보편적 가치와 그것에서 벗어날 수 없는 개인의 삶을 이야기했다. 학교 다닐 때는 공부도 곧잘 하던 아이였다. 마음만 먹으면 지금이라도 방향을 바꿀 수 있을 것 같았다.

내 말을 듣고 있던 아이가 잠시 말없이 내 눈을 바라보았다. "우리 엄마가 걱정이 너무 많네. 나는 내가 살고 싶은 대로 살아왔고, 지금도 잘살고 있어요. 그러니 내 걱정은 마세요."

순간 정신이 번쩍 들었다. 나도 모르게 패랭이꽃 꽃잎을 짓이기려 하는 나를 발견한 까닭이다. 내가 아무리 자식을 걱정하는 엄마이기로서니 딸아이 인생을 재단할 권리는 없는 것이 아닌가.

엄마인 내가 이러할진대, 그동안 알게 모르게 딸아이가 받아왔을 바깥 시선들이 철조망 울타리 가시가 되어 내 가슴을 찔렀다. 카네이션으로 사는 것도, 패랭이꽃으로 피는 것도 꽃의 자유이어야 하지 않은가. 생각해 보면 카네이션도, 패랭이꽃도 삶이라는 축제에 피어 함께 한들거리는 꽃들이다.

화병에 꽂힌 패랭이꽃은 물을 빨아올렸는지 가는 꽃대를 탱탱하게 세우고 고개를 빳빳하게 들고 있다. 꽃대를 손으로 툭 건드려 본다. 꽃송이가 흔들리며 다시 축제가 시작된다. 춤추는 꽃송이들 사이로 바람의 연주가 들린다. 나도 딸아이 손을 잡고 함께 춤을 추고 싶어진다. 이번에는 내가 꽃을 보고 활짝 웃는다.

노란 구두
잡곡밥
일상을 굽다
언어술사
전보 한 알
하늘 天
진주 목걸이
터치 미
4391
어느 무인카페

노란 구두

 침대 난간을 잡고 몸을 일으킨다. 등이 침대에서 떨어지고, 시선이 각도기 눈금을 따라가듯 둥글게 움직이다 직각쯤에서 멈춘다. 발을 침대 아래로 내린다. 신발을 찾을 수 없다. 맨발이 바닥에 닿는다. 일어서려는데 다리에 힘이 들어가지 않는다. 옆에 있던 딸이 얼른 팔짱을 낀다.
 병실 창문이 보인다. 누워서 볼 때보다 더 높아진 것 같다. 한 걸음씩 창문을 향해 다가간다. 조금 어지럽다. 창틀에 몸을 기댄다. 병원 밖은 여전히 봄이다. 4층이지만 공중 정원이 있어 창밖은 푸르다. 봄꽃들 사이로 노랑나비 한 마리가 날아간다. 눈으로 나비를 쫓는다.
 텃밭을 하던 때가 있었다. 봄이면 장다리꽃 위로 노랑나비들의 군무가 펼쳐졌다. 그즈음 봄배추 속잎이 나는데, 이때가 배추벌레 전성기이다. 배추벌레는 연한 잎을 갉아먹고 동글동

글한 녹색 똥을 남겼다. 근처 배춧잎을 뒤집어보면 연두색 통통한 애벌레를 만날 수 있었다. 손가락에 집힌 애벌레는 물컹거렸다. 척추도 없이 꿈틀거리는 애벌레가 노랑나비가 된다는 것은 상상이 되지 않았다.

한 달 동안 나는 커다란 애벌레가 된 기분이었다. 일하다 주저앉았을 뿐인데 4번 척추가 골절되었다. 의사는 자연적으로 붙을지 한동안 지켜보자고 했다. 경첩처럼 몸을 굽혔다 폈다 하는 자리에 이상이 생기고 보니 일어설 수가 없었다. 꼼짝없이 침대에 등을 붙이고 누워 있어야 했다. 시트가 배겨도, 이불이 다리를 휘감아도 어쩌지 못했다. 그저 땀을 뻘뻘 흘리며 조금씩 꿈틀거릴 뿐이었다.

수직의 세계를 잃어버리자 인간 존엄이 뭉그러졌다. 땀과 무기력이 버무려지며 몸이 밀가루 반죽처럼 치대지는 것 같았다. 뼈 없이 온몸으로 중력을 받아내는 존재들의 심정이 이해되었다. 내 몸은 물컹거리는 한 마리 애벌레였다.

상상으로도, 지식으로도 알 수 없는 것들이 있다. 체험이다. 몸으로 경험해야만 얻을 수 있는 느낌이다. 도대체 배추 애벌레는 고치 속에서 무슨 체험을 한 것일까. 얼마나 치대어져야 물컹거리는 살이 날개가 될까. 어쩔 수 없는 과정들을 얼마나 온전히 받아들여야 그토록 예민한 두 더듬이가 돋아날까. 탈피라는 짧은 단어에 들어 있는 말 없는 말들을 남기며 노랑나비는 시야에서 사라진다.

매주 찍은 척추 사진 4장을 판독하니 붙을 기미가 보이지 않았다. 시술받기로 했다. 척추 양쪽으로 구멍 두 개를 뚫고, 기구를 넣어 내려앉은 뼈를 들어 올리고, 튜브를 통해 굳게 할 물질을 넣는다고 했다. 콘크리트 타설과 같은 방법이다. 부분마취로도 가능한 간단한 시술이라며 의사는 실망하는 나를 위로했다. 척추에는 신경다발이 지나가는 통로가 있다. 그러므로 시술 중간에 팔다리 움직임을 확인해야 한다. 전신마취를 하지 못하는 이유다. 다시 말해 부분마취란 뼈에는 마취가 되지 않는다는 뜻이다.

한 시간여 시술을 받으며 인간의 통각이 얼마나 다양한지를 알았다. 기구를 내려치는 작은 망치 소리가 극심한 통증과 함께 몸 안을 공명했다. 연신 신음을 뱉어냈다. 그러나 다시 걷기 위해서는 겪어내야만 하는 고통이었다. 고치처럼 꼼짝없이 수술대에 엎드린 채 어쩔 수 없는 과성들을 견딜 수밖에 없었다. 어쩌면 그것은 탈피 과정이 아니었을까. 인간에게 직립보행은 나비가 나는 것과 같으니 말이다.

물론 인간은 탈피하는 동물이 아니다. 하지만 진화 과정을 통틀어 가장 탈피에 가까운 것을 들자면 직립보행이 아닌가 싶다. 앞발을 들고 허리를 편 최초의 인간. 그의 앞에는 마치 입체 카드를 펼친 것처럼 새로운 공간이 생겼다. 수평의 공간에 수직의 매직이 작동하기 시작한다. 시야가 넓어지고 가슴에는 높은 곳을 향한 비전이 깃든다. 600만 년 전에 이루어졌다는 인간의 출현이다. 직립보행은 동물과 인간을 가르는 탈피 과정이나 다름이 없다.

그러나 인간이 되기 위해서 척추는 큰 대가를 치렀다. 일 자이던 척추는 에스 자로 휘었고, 그런 척추를 받치기 위해 골반은 좁아졌다. 상체가 곧추서면서 온통 체중이 두 다리에 실렸다. 직립보행이 가능해졌다고 해서 인간이 앉고 눕는 걸 포기할 수 없었던 이유다. 당연히 척추 아랫마디들에는 그때마다 힘을 조절해야 하는 임무가 주어졌다. 4번을 포함한 요추는 인간으로의 탈피라는 아주 오래된 서사를 지닌 척추 마디들이다.

딸의 부축을 받으며 병실을 한 바퀴 돈다. 병상마다 탈피를 꿈꾸는 이들이 누워 있다. 정형외과 병동이다 보니 팔이나 어깨, 다리에 두른 붕대 때문에 더 그렇게 보인다. 의사는 이삼 주 후 시술 부위에 있는 실밥을 뽑으면 퇴원할 수 있다고 한다.

퇴원하고 두 달이 흘렀다. 봄이 가고 여름도 가려고 한다. 이제 조금씩 일상생활이 가능하다. 엄마 상태를 확인하러 온 딸과 함께 근처 아울렛에 들른다. 구두 가게 진열대에 놓인 노란 구두가 눈에 들어온다. 눈앞에서 노랑나비가 팔랑 날아간다.

"엄마, 다시 걷는 기념으로 이 구두 사줄까?" 딸이 묻는다. 굽 낮은 노란 구두가 내 발에 꼭 맞다. 거리로 나오니 주말을 맞은 쇼핑객들이 분주하게 지나간다. 노란 구두를 자꾸만 내려다본다. 노랑나비 옆으로 나름대로 탈피를 겪었을 흰나비, 검은 나비들이 팔랑팔랑 날아가고 있다.

잡곡밥

 아침밥을 짓는다. 흰쌀에 듬성듬성 섞인 붉은 콩은 새벽 들판에 핀 나팔꽃처럼 생기에 가득 차 있다. 검은 쌀을 넣으니 밋밋하던 흰쌀이 서서히 존재감을 드러내고, 보리와 현미는 잠 많은 돼지풀꽃처럼 눈을 비빈다. 찹쌀이 들어가 뽀얀 별꽃을 피우니 함지박 속은 들꽃들이 피어난 들판이 된다. 이 작은 들판을 바람 같은 맑은 물로 흔들어 씻어 솥에 안친다.
 나이가 들수록 잡곡밥이 좋아진다. 어릴 때는 씹기 힘든 콩을 입안에서 굴리다 슬며시 밥상머리에 뱉어 놓곤 했다. 한창 자랄 때는 부뚜막에 보자기를 쓰고 있는 보리밥이 싫었다. 그 보자기에는 끼니를 걱정해야 하는 청승스러움이 누렇게 배어 있었다. 그러나 요즘은 흰밥을 먹을라치면 어쩐지 허전하고 싱거운 기분이 든다. 햇빛과 비와 바람을 품었던 품새만큼이나 서로 다른 맛과 결이 어우러진 잡곡밥은 늘 구수하고 차지다.

씹을수록 세월에 곰삭은 옛날이야기를 듣는 것처럼 마음이 편안해진다.

콩은 모내기가 끝날 즈음에 귀한 작물들에 안방을 내어주고 밭둑가에 이리저리 심어져도 군말 없이 잘 큰다. 손바닥 같은 잎을 쓱쓱 내밀며 땅내를 맡고 자라는 산골 소년처럼 지치는 법이 없다. 보리에는 이야기가 많다. 겨울밤 푸르른 달빛이 밤새 속삭여준 이야기는 흰 눈을 뚫고 파릇한 잎이 되어 넘실거렸다. 마침내 푸른 수염을 단 이삭이 솟아올랐을 때 제 살아온 시간을 알알이 새기며 금빛으로 익어갔다.

보릿고개가 호랑이보다도 무섭던 시절부터 건강 곡물로 인정받게 된 오늘날까지 잡곡은 기꺼이 우리 곁을 지키고 있다. 어느 시인은 이리도 예쁜 것들을 잡초라 부르기가 미안하다고 했다. 나는 이리도 귀한 것을 잡곡이라 부르기가 참으로 미안하다.

밥이 끓으면서 구수한 냄새가 난다. 유독 잡곡밥을 좋아하던 시어머니께서 돌아가신 지 일 년이 다 되어간다. 어머니께서는 평생 보리쌀에 쌀을 섞어 새벽밥을 지으며 울퉁불퉁한 오남매를 가슴에 끌어안고 사셨다. 일찍 친정어머니를 여읜 이 셋째 며느리마저도 품어주시곤 했다. 어쩌면 전혀 다른 토양에서 자란, 참으로 익히기 어려운 또 다른 잡곡 같았을 텐데도 말이다. 함께 살았던 십 년 가까운 세월 동안 어머니와 나는 잡곡밥을 해 먹어 가며 울고 웃었다.

어머니에게서 치매 증상이 나타나기 시작했을 때 자식들은 언제쯤 병원으로 모실지 의견을 나누었다. 어차피 병원으로 가실 수밖에 없는 것이라는 결론에 도달하기까지 그리 오랜 시간이 필요하지 않았다. 집에서 어머니를 보살필 수 없는 이유는 많지만, 밥벌이라는 한 가지 사정으로 귀결되었다. 모두 먹고 살기도 바쁜 시대에 유산도 없는 어머니는 이제 분리 대상이 되었다.

그런 결정에 동의할 수밖에 없었던 나는 며칠 동안 잠을 이루지 못했다. 잡곡밥에서 콩 골라내듯이 어머니를 병원에 모셔놓고 돌아온 날, 많이도 울었다. 홍수가 밀고 온 퇴적물처럼 후회가 가슴에 쌓였다.

노인 병원으로 옮겨진 어머니는 급격하게 사위어갔다. 자식들을 바라볼 때마다 생기가 돌던 눈동자는 말라버린 우물처럼 공허해졌다. 세상이라는 단단한 암벽 틈을 나무뿌리처럼 파고들었던 야윈 손가락은 하얀 침대 시트를 움켜쥐고 석고처럼 굳어갔다. 나는 가끔 찾아가 그래도 미련인 양 눈가에 붙어 있는 눈곱을 물수건으로 닦아내고, 하나씩 손마디를 젖혀 주무르곤 했다. 그리고 무심한 척하며 세월의 소금기가 허옇게 앉은 머리를 빗질했다.

어느 날 병원에 가보니 밥 대신 멀건 미음 봉지가 머리맡에 매달려 있었다. 욕창이 심해지고 몇 번 패혈증이 지나간 후였다. 음식으로 인한 독을 해독할 수 없기 때문이라고 했다. 이제 어머니는 살아서는 더 이상 따뜻한 밥 한 그릇을 드실 수 없게 되었다.

성격이 급하고 야망이 컸던 큰아들은 상황이 급해지면 뜨거운 불판에서 콩 튀듯이 뛰었다. 단단하고 격정적인 콩은 어머니에게 평생 소화불량이었는지도 모르겠다. 누구보다 잘살고자 하는 열망으로 가득했던 둘째 아들은 항상 현미처럼 껄끄럽고 겉돌았다. 궁할 때마다 셋째 아들은 기꺼이 보릿자루가 되어주었으나 자식 자루에서 퍼낸 보리쌀로 지은 밥이 어찌 어머니 목으로 쉬이 넘어갔겠는가. 찹쌀처럼 차지고 싹싹한 막내아들은 큰 자랑이었지만 늘 멀리 있었다. 잡곡밥 위에 얹혀 있던 대추 같았던 고명딸을 폭 떠서 시집을 보낸 뒤로 어머니 가슴에서 그 자리는 붉은 멍이 되었다.

자식이란 본래 그런 것인지 어느 자식 하나 그녀의 잡곡밥에서 녹록한 자식은 없었던 듯하다. 끊임없이 끌어안으며 끓이고 뜸 들여 자식들에게 따뜻한 밥 한 그릇을 먹이고자 했던 어머니 가슴은 서서히 식어갔다. 모두 그 가슴에서 지은 밥을 먹고 자랐으나 누구도 그 가슴을 덥힐 따뜻한 밥 한 그릇을 지어 드리지 못했다. 진정 편한 마음으로 드실 수 있는 밥 한 그릇을.

어머니의 가슴솥이 차갑게 식었을 때 장례는 치러졌다. 절차에 대한 의논은 있었으나 자식들로부터 골라내어진 삶에 대한 회고는 유예되었다. 싸락눈이 내리는 차가운 땅에 유해를 묻고 돌아온 저녁, 앞으로 우애 있게 지내자는 다짐은 있었다. 그러나 시간이 지날수록 콩은 콩으로, 현미는 현미로, 보리는 보리로 제각기 되돌아갔다. 뜨거운 솥이 사라졌으니 언제 다시 구수한 어머니 잡곡밥을 먹어볼 수 있을까.

  밥이 다 되었다는 신호음이 들린다. 작은 들판은 솥 안에서 잘 익어 있다. 콩도 현미도 보리도 뽀얀 김 속에서 상기된 표정들이다. 이제부터 지나온 시간을 세상에 풀어놓으려는 듯이 보인다. 잡곡밥을 꼭꼭 씹으면서 그 이야기를 들어볼까 한다. 행여 뜨거운 가슴솥 열기가 전해져오면 아마도 나는 눈물이 날지도 모르겠다.

일상을 굽다

 아파트 상가 담벼락을 끼고 포장마차 하나가 들어섰다. 붉은색 천막으로 지붕을 치고 투명한 비닐로 양 벽을 삼았다. 땅에 닿은 비닐 자락은 모서리가 깨진 큼지막한 시멘트 블록으로 질끈 눌러놓았다. 그렇게 시멘트 뒷벽 하나 기대고 앉은, 말갛게 안이 들여다보이는 그 포장마차에서 어느 날부터인가 사십 대 후반쯤 되어 보이는 한 여인이 붕어빵을 구워 팔기 시작했다.
 산 너머 먼 곳에 눈이라도 오는지 회색 하늘이 나지막이 내려앉은 오후, 포장마차를 찾았다. 춥니 안 춥니 해도 겨울은 겨울이었다. 애초 집을 나설 때 차림새가 허술했는지 목도리를 둘렀어도 어깨가 옹송그렸다. 둥근 빵틀에서 퍼져 나오는 온기가 반가웠다.
 붕어빵 이천 원어치를 달라는 내 말에 여인의 손이 허둥거리기 시작했다. 반죽 주전자를 들었다 놓더니 빵틀을 돌리고, 고리를 걸어 뚜껑을 열고는 기름 솔을 찾아 두리번거리는 모양새가 영 초보 티가 났다. 플라스틱 진열장에는 꼬리가 까맣게 탄 붕어빵 몇 마리가 멀거니 바깥을 내다보고 있었다. 아마도 첫 장사인 듯했다. 손가락과 손등에 벌겋게 덴 상처들이 보였다. 빵 굽기에 급급해 데인 줄도 모르는 것 같았다. 괜히 내 손이 가려워졌다.

그녀 앞에는 열 개의 붕어 입을 가진 둥근 빵틀이 놓여 있었다. 포장마차에서 가장 무거워 보이는 물건이었다. 아직 반들거리지는 않았지만 검은 몸집에 묵직하게 자리 잡은 품새를 보니 안심이 되었다. 바람이 불면 바스락거릴 것같이 야윈 데다가, 눌러쓴 모자 밑으로 흰머리가 비어져 나온 여인은 손님과 눈도 마주치지 못한 채 뒷벽으로 스며들 것만 같았다. 그런 여인을 그 무쇠 빵틀이 단단하게 끌어당겨 땅에 발을 디디게 하는 듯했다.

빵틀에 열이 올랐는지 반죽을 붓자 "치지직" 소리가 났다. 아마도 천 도가 훨씬 넘는 고온에서 제 몸을 녹이고 다시 만들어진 빵틀일 것이다. 이 정도 가스 불 열기에는 코웃음이 나는 모양이다.

조금 기다리자 하나둘 붕어빵이 나오기 시작했다. 질척거리던 흰 반죽이 제법 정교한 양각의 붕어 모양으로 굳어져 있었다. 빵틀은 두꺼운 몸피에 스민 열기로 은근하게 반죽을 품었다. 가해지는 열기를 섣불리 내치지도, 급하게 토하지도 않았다. 품에 깃든 것이 형태를 바꿔 새롭게 탄생할 때까지 말이다. 품는다는 것에는 지독한 인내가 숨어 있다. 제 몸 형태가 바뀌는 특이점을 통과한 무쇠만이 가지는 내공이다.

그 빵틀을 보고 있자니 오래전 내 곁을 묵묵히 지켜주던 가마솥이 생각났다. 살다 보면 자꾸만 일상이 허물어져 내리는 때가 있다. 어제 같은 오늘, 그리고 오늘 같은 내일, 그래서 일상은 지루하기까지 하다. 별일이 없을 때는 단단한 벽돌로 쌓아 올린 담처럼 견고하게 느껴진다. 그러나 벽돌 중 어느 하나에 금이 가고 부서지기 시작하면 담은 속절없이 흔들린다. 더 이상 일상이 일상일 수 없었던 어느 날부터 국밥을 만들어 팔기 시작했다. 손가락과 손등에 덴 상처가 끊이지 않았다. 그리고 내 곁에는 무쇠로 된 가마솥이 있었다.

팔을 힘껏 뻗어야 바닥에 손이 닿는 품이 넓은 가마솥이 있다. 반쯤 찬물을 넣고 불을 붙이면 가마솥 안쪽으로 마치 땀 같은 물방울이 맺혔다. 네 수고를 기꺼이 같이 감당하겠다는 무언의 약속 같았다. 물이 끓으면 한 솥 가득 사골을 넣었다. 그때부터 가마솥은 무섭도록 가열 찬 열기를 감내해 주었다. 뼛속 깊은 곳에서 뽀얀 국물이 우러나 진국이 가득해질 때까지. 또 다른 일상이 단단해질 때까지.

가마솥과 함께 십 년 가까이 땀을 흘리자 마침내 일상이 돌아왔다. 그러는 사이 나도 조금은 가마솥을 닮아 있었다. 세상의 불길을 인내하며 일상을 지켜낼 용기가 생겼다.

　빵틀이 한 바퀴를 도니 열 마리 붕어빵이 구워졌다. 내 뒤로 서너 사람이 줄을 섰다. 나는 무척이나 조바심을 내는 뒷사람에게 차례를 양보했다가 맨 뒤로 가서 기다리기로 했다. 어린아이 손을 잡은 젊은 엄마가 붕어빵이 어서 구워지기를 기다리고 있었다. 아이 볼이 발갛게 상기되어 갔다.

　똑같은 붕어빵이 담긴 봉투를 들고 내 앞사람들이 종종거리며 일상 속으로 사라졌다. 따뜻한 봉투를 받아 든 순간만큼은 모두 입가에 행복한 미소가 번졌다. 어쩌면 행복은 유명한 빵집에 차려진 화려한 빵들이 아닌지도 모르겠다. 우리는 좀 더 가치 있고 다양한 삶을 원하지만, 그것은 단단한 일상이 받쳐줘야 가능한 일이다. 남과 다르게 사는 것도 좋겠지만, 때로는 남과 똑같은 일상을 산다는 것이 큰 행복이 될 때도 있다. 비록 개성은 없지만 하나나 열이나 똑같은 저 붕어빵처럼 말이다.

　내게도 차례가 돌아왔다. 여인은 내 양보가 고마웠는지 덤으로 두 마리나 더 담아주었다. 이제 그녀는 하루하루 빵틀을 돌리며 열심히 일상을 구워내겠지. 날이 갈수록 솜씨도 늘어나리라. 단단하면서도 은근하게 열기를 품어내는 무쇠의 내공 또한 배워갈 것이다. 따뜻한 봉투를 안고 돌아서는데 어설픈 손길에도 철커덕 빵틀이 돌아가는 소리가 힘차게 들려왔다.

언어술사

허공을 향해 두 손을 뻗어내는 모양새가 예사롭지 않다. 손바닥을 공글리며 수기水氣를 모은다. 보이면서도 보이지 않는 물방울이 생기고, 그것들이 모여 공 같은 덩어리를 이룬다. 이제 술사는 이것을 어떻게 쓸 것인가를 고민한다. 자기를 지킬 수도 있고, 상대를 공격할 수도 있다. 그리고 위기에 처한 한 생명을 살릴 수도 있다.

요즘 〈환혼〉이라는 드라마가 인기다. CG로 처리한 환상적인 장면들이 볼 만하다. 시나리오도 탄탄하다. 한 시간에 가까운 방영이 후딱 지나간다. 비록 허구지만 물이 생명의 근원이라는 점을 생각하니 재미를 넘어서는 관심이 생긴다.

드라마가 끝나고 책상 앞에 앉는다. 깍지를 끼며 손가락을 푼다. 손바닥을 비비고 손목을 흔들고 어깨도 좌우로 움직여 본다. 컴퓨터 자판 위로 손을 뻗는다. 마치 술사라도 된 듯 손가락 끝에 기를 모은다. 첫 문장과 한 단락을 써낸다. 그러나 두 번째 단락 어디쯤에서 멈칫거린다. 본격적인 이야기를 꺼내기 위한 복선을 쓰고 싶은데 쉽지 않다.

 글쓰기라는 술법을 연마한 지 십 년 남짓 되었다. 아니 이 말은 거짓말이다. 전력으로 글을 쓴 시간을 다 모은대도 그 반의 반에 불과할지도 모르겠다. 글을 쓰면서도 늘 글을 외면하고 도망을 다녔다. 정말 내 몸에서 수기가 솟아올라 어쩔 수 없을 상황이 되어야 겨우 수필 한 편을 썼다.

 내 유일한 수기는 눈물이다. 사람은 기쁠 때는 웃고 슬플 때는 운다. 그러니 나는 슬픔이 많았던 사람인 게다. 하필이면 자기 경험을 소재로 하는 수필이라는 장르에 입문하고 보니 자꾸만 딴전을 피는 것이 스스로 이해된다. 누군들 슬픔을 떠올리고 싶어 하겠는가. 하지만 눈물이라 할지라도 수기를 잘 다룰 줄 알아야만 진정한 술사라 할 수 있다.

 세상을 살다 보면 수많은 술사를 만난다. 시어머니도 술사였다. 그녀 술법은 무생채를 통해 나타났다. 사각사각 손끝에서 썰어지는 무에는 수기가 가득하다. 거기에 소금, 설탕, 식초, 마늘, 고춧가루가 첨가된다. 극단적인 맛들이 어우러져 기막힌 조화를 이룬다. 늘 허기진 오 남매가 보리밥 사발을 앞에 두고 한 양푼 가득한 무생채를 허겁지겁 맛나게 먹어 치운다. 그녀는 그 술법으로 아이들을 키워냈다.

 우리 동네에는 파마약을 수기 삼아 술법을 부리는 술사가 있다. 허름한 동네 미용실이지만 만만하게 보아서는 안 된다. 일단 문을 열고 들어서면 머리가 하얗게 센 할머니라 할지라도 그녀 지시에 따라야 한다. 그다지 친절하지는 않다. 무언가 눈에 거슬리면 다음에 오라며 손님을 돌려보낸다. 그래도 이 미용실에 발길이 끊이지 않는 이유는 값싼 파마약으로 멋지게 스타일을 뽑아내는 술력 때문이다. 가끔 그 앞을 지나며 여전히 그녀가 술법을 잘 구사하고 있는지 기웃거린다.

요즘 구도심을 살리고자 하는 청년 위주 프로젝트가 많다. 젊은이들이 뜨거운 피로 술력을 연마하는 장이다. 고층 건물 공사장에서는 누군가가 땀을 수기 삼아 높은 계단을 오르고 있다. 그중 최고 경지는 어렵고 험한 곳에서 따뜻한 입김이라는 수기로 남들을 돕는 술사들이다. 그들이 지나간 자리에는 밝은 웃음꽃이 피어난다.

중세 연금술사들은 납으로 금을 만들고자 했나. 금이라는 최종 결과물에 주목한다면 그들은 허망한 한탕주의자들이다. 그러나 납과 금이라는 엄청난 차이를 생각해 보면 입이 딱 벌어진다. 어떻게 그런 발상을 할 수 있었을까. 아무리 억압된 중세 문화 영향이라고 해도 기막힌 상상력이다. 평생을 연금술에 바친 그들은 황당무계한 실험을 통해 무수한 이적들을 만들었다. 그것들이 현대화학 기초가 되었다. 연금술사의 수기는 보이지 않는 상상력이다.

술사는 가치의 도치가 아니라 도약을 꿈꾼다. 위를 끌어내려 세상을 뒤집는 것이 아니라 아래를 변화시켜 위에 이르고자 하는 사람들이다. 그리 보면 그들이 진정 사랑한 것은 금이 아니라 납이 아닐까. 사람들로부터 소외된 납의 상처와 아픔을 아는 이들이니 말이다.

이런 술사들에게는 두 가지 특징이 있다. 하나는 비가 오나 눈이 오나, 기쁠 때나 슬플 때나 술법을 멈추는 법이 없다. 그들이 수기가 변화되는 과정에 엄청나게 집중한다는 증거다. 집중한다는 것은 사랑한다는 것이다. 사랑하기에 쉬지 않고 쏟아붓는다.

또 다른 하나는 값싼 것으로 값비싼 것을 만들고자 하는 의식이다. 그 두 가치 사이에서 작용하는 것이 술력이다. 매개는 수기인데, 나는 이것을 진정한 자기 염원이라고 이해하고 싶다. 생명 근원으로부터 흘러나오는 진실하고 솔직한 마음이다. 이 마음이 물질과 만나 보다 나은 세상을 창조한다.

'사물 하나하나는 더 좋은 어떤 것으로 변화해야 하고, 새로운 운명의 길을 가야 한다.'

《연금술사》를 쓴 코엘류의 말이다. 나는 어설픈 언어술사의 길을 가고 있다. 나의 단어와 문장에는 눈물이 번진다. 이 눈물을 진주로 만들고 싶다. 내 글에서 파도치는 슬픔이 문장 사이를 드나들며 상처를 위로하고, 아물게 하고, 마침내 영롱한 진주를 품게 되면 내 술법은 완성되는 것이리라.

그러나 조금씩 깨우치고 있다. 술법의 완성은 금이 아니라,

납에서 금으로의 여정에 있음을. 그저 한 발을 떼고, 진심 어린 글 한 편을 쓰는 일만으로도 앞으로 나아가고 있다고 혼자서 되뇌어 본다.

전보 한 알

아버지가 적어준 쪽지를 움켜쥐고 뛰고 또 뛰었다. 언덕배기를 내리뛰고, 빈 보리밭과 시장 골목을 달렸다. 숨이 턱에 닿아 양장점 처마 밑에 잠시 멈춰 섰을 때는 사정없이 눈물이 솟았다. 한겨울 찬바람이 얼굴을 할퀴어도 등에서는 진땀이 났다. 마침내 시장 끝에 있는 우체국에 도착했다. 나는 헐떠거리며 여직원에게 쪽지를 내밀었다.

쪽지를 받은 여직원은 황급히 전보를 치기 시작했다. "또르륵 똑 똑" 여직원 손끝에서 모스부호가 다급하게 쏟아졌다. 이 부호들은 다시 문자로 해독되어 삼촌과 고모들에게 전해질 것이었다. 쪽지에는 '모친 위독'이라고 쓰여 있었다.

다음 날 앞서거니 뒤서거니 삼촌과 고모들이 도착했지만, 할머니가 돌아가신 건 그로부터 대략 일 년이 지난 뒤였다. 함박눈이 펑펑 오던 날, 다시 뛰어서 우체국으로 갔다. 그때 쪽지에 써진 글자는 '모친 사망'이었다.

오십 년 가까이 지난 그때 일이 불쑥 생각난 것은 문자 한 통 때문이었다. 문자에는 '비펜트린 나온 달걀 번호'라는 발음도 어려운 제목 아래 숫자, 알파벳, 한글들로 이루어진 짧은 조합들이 칸을 메우고 있었다. 그 조합들은 무슨 암호 같기도 했다. 축약된 표가 긴장감을 주며 전문電文을 연상시켰다. 소위 살충제 달걀 번호들이었다. 이 화급한 소식을 지인이 카톡을 통해 전보처럼 보내왔다.

참으로 참담했다. 방송에서는 연일 그 소식을 주요 뉴스로 다루고 있었다. 정부 대책을 설명하기도 하고, 행인의 심정을 묻는 인터뷰도 진행되었다. 그리고 마지막에는 늘 양계장을 찾아 실태를 보도한다며 카메라를 들이밀었다. 화면에 목털이 듬성듬성 빠진 암탉이 벌건 목을 비좁은 창살 바깥으로 내밀고 있는 장면이 잡혔다. 검은 눈이 절망적으로 나를 바라보고 있었다.

철없는 사내아이들은 막대기를 휘두르며 수탉 꽁무니를 쫓아다녔지만, 우리 관심사는 오직 암탉뿐이었다. 암탉은 할머니가 마당 구석에 만들어준 둥지에서 알을 품고 있었다. 학교에서 돌아오자마자 여자아이들은 사과 상자에 등겨와 모래를 넣은 둥지 앞에 모여 앉았다. 목덜미로 따끔거리는 봄 햇살이 느껴졌다. 암탉을 보호하기 위해 쳐놓은 갈색 천을 살며시 들쳐 보았다. 한껏 부풀린 날개를 부르르 떨며 암탉이 꾸르륵거리면 얼른 천을 내리덮었다. 우리는 할머니에게 달려가 며칠을 더 기다려야 병아리가 나오는지 다시 묻곤 했다.

학교에서도 국어 교과서에 실려 있는 병아리 그림을 찾아보았다. 마침내 둥지에서 삐악대는 소리가 들렸다. 신기하게도 정말 병아리가 부화했다. 한동안 우리는 장독대 아래로, 채송화 사이로, 마루 밑으로 쪼르르 몰려다니는 병아리들 뒤를 졸졸 따라다녔다.

병아리들을 부화시킨 암탉은 개선장군이라도 되는 양 의기양양했다. 행여 아이들이 수상한 행동이라도 할라치면 멀리서라도 병아리들 곁으로 쏜살같이 달려왔다. 마당을 파헤치며 벌레를 잡는 시범을 보이기도 하고, 밤이 되면 다시 날개를 부풀려 병아리들을 품에 안았다. 어린 우리에게 생명의 신비와 모성의 따뜻함을 일깨워준 암탉이었다.

내가 아이들을 낳고 이미가 되자, 다시 닭을 기울 기회가 생겼다. 새 학기 들뜬 마음이 채 가라앉기도 전에 교문 앞에 병아리를 파는 아저씨가 나타났다. 안 된다고 몇 번이나 다짐받았음에도 불구하고 딸아이가 기어코 병아리 한 쌍을 사 왔다. 정성껏 보살폈지만 한 마리는 이내 죽고, 다른 한 마리는 무럭무럭 자라 암탉이 되었다. 꼬꼬라고 이름 붙였다.

꼬꼬는 병아리일 때와는 달리 날카로운 부리로 보이는 대로 쪼아대고, 갈고리 같은 발톱으로 걸리는 대로 찢어대었다. 그러나 무엇보다도 아파트라는 환경이 닭에게 맞지 않는 것이 문제였다. 아이들과 의논 끝에 아파트 뒤에 있는 농장에 보내기로 했다.

농장에서 꼬꼬는 행복해 보였다. 소 여물통 위에 올라앉아 실컷 모이를 쪼아먹고, 밭고랑을 파헤쳐 지렁이를 잡아먹었다. 낮에는 넓은 농장을 활개 치며 돌아다니다가, 밤에는 주인아저씨가 만들어준 횃대 위에서 잠을 잤다. 우리가 놀러 가 "꼬꼬야." 하고 부르면 쪼르르 달려오기도 했다. 그러다가 이 년이 지난 어느 여름날, 꼬꼬가 보이지 않았다. 삼복더위를 맞아 주인아저씨 몸보신이 된 것이다.

모든 생명은 행복할 권리가 있다. 생명에게 행복이란 제 생육조건이 맞는 곳에서 자연스럽게 살아가는 것을 말한다. 그렇다면 행복은 생명 존속의 절대적 조건이 되는 셈이다. 한때 행복을 누리다가 서로 먹이가 되는 것은 자연스러운 순리일지도 모르겠다. 그러나 생명으로 태어난 환희를 느낄 새도 없이 무참하게 짓밟히는 암탉들을 보니 가슴이 먹먹해졌다.

그들은 차마 마주 보기조차 힘든 몰골로 화면을 가득 채웠다. 양계장은 집단 학살을 목적으로 세운 수용소 같았다. 몸 하나 돌릴 공간도 없는 곳에서 죽을 때까지 알을 낳는다고 했다. 세상 끝을 본 것처럼 송연한 느낌조차 들었다. 어쩌면 내가 본 것은 인간 이기심의 끝일 터였다.

그래도 나는 냉장고에 남아 있는 몇 알의 달걀을 표와 대조해 보았다. 황토색 껍질에 녹색으로 표기된 생산지 번호는 마치 수인번호 같았다. 털 빠진 목을 창살 사이로 길게 늘어뜨린 모습이 또다시 생각났다. 달걀 하나를 들고 책상 앞에 앉았다.

　암탉이 보낸 쪽지 같은 달걀을 들여다본다. 숫자 두 개와 한글이 나란히 찍혀 있다. 이 달걀이 살충제 명단에 있거나 없거나 무엇이 다르랴. 달걀을 낳은 암탉을 떠올린다. 불현듯 달걀에 찍힌 암호가 해독된다. '모친 위독' 정말 이 암호는 절망에 빠진 암탉이 달걀을 통해 마지막으로 인간에게 타전하고픈 전보 내용은 아닐는지.

　갑자기 어디론가 달려가 전보를 치고 싶어진다. 누구라도 이 위급한 전문을 받아주었으면 하는 마음이 간절하다. 이제는 전보를 취급하는 우체국도, 모스부호를 치는 여직원도 없다. 마음이 다급해진 나는 자판을 두드리기 시작한다. "타닥 탁 딕" 수신자 없는 한 알의 전보를 타전하는데, 자꾸만 손끝이 떨린다.

하늘 天

 늦깎이 공부하다 새삼스레 《천자문》을 접하게 되었다. 그중에서도 뜻으로 보나 차례로 보나 하늘 天이 으뜸이다. 세상 만물이 하늘 아래 있지 않은가. 만물의 영장이라 하는 인간 또한 하늘 아래에 있다. 天 자를 가만히 들여다보면 하늘 아래 있는 人 사가 보인다. 한자가 상형문자라는 것이 이해된다.
 사람 人은 홀로 설 수 없는 인간이 서로 기대고 있는 모습을 문자화한 것이라 한다. 긴 획이 짧은 획을 보호하고 있는 것 같기도 하고, 짧은 획이 긴 획을 지지하고 있는 것 같기도 하다. 어느 획 하나만으로는 글자가 될 수 없으니 일견 서로 의지하고 살아가는 인간 속성을 담아낸 것으로도 보인다. 휘어져서 서로 균형을 맞추고 있는 두 획에서 삶의 탄성이 느껴진다.
 그런데 사람 人 위에 두 개의 가로획이 놓이면 하늘 天이 된다. 완성된 모습으로만 본다면 인간에게는 하늘이 두 개 있는 셈이다. 짐짓 위 가로획을 큰 하늘이라고 생각해 본다. 인간이 생각할 수 있는 가장 궁극의 위치다. 더 이상이 없는 완전하고 온전한 경지다. 이 하늘은 보통 인간으로서는 감히 범접하기 어렵다. 간혹 역사에 남은 성인들이 가닿았을지는 모르겠다. 큰 하늘에 닿아 있는 人 자의 긴 획 끝을 골똘히 바라본다. 시력이 나빠져서인지 닿은 듯 떨어진 듯 접점이 흔들린다.

반면 아래에 있는 가로획은 분명하게 人 자를 관통한다. 그것도 긴 획과 짧은 획이 닿는 지점을 정확하게 지나고 있다. 마치 인간과 인간이 만나는 곳에서부터 양쪽으로 하늘이 열리는 모양새다. 또 짐짓 아래 가로획을 작은 하늘이라고 생각해 본다. 인간이 느끼고 경험할 수 있는, 오욕칠정에 물든 하늘이다. 그러나 아래 하늘을 거치지 않고는 그 위 하늘에 닿을 수 없다.

어릴 적 그렇게 가난하게 살았던 우리 집에도 가끔 더 가난한 이가 찾아오곤 했다. 어느 겨울밤, 하늘에서 별이 쏟아져 내리는 한밤중에 졸린 눈을 비비며 일어났다. 연탄을 갈기 위해서였다. 자기 전에 살펴보니 위 연탄 검은 부분이 한 뼘이나 남아 있었다. 귀찮더라도 자다가 일어나 연탄을 갈고 불구멍을 조금 열어놓아야 했다.

빨간 내복 차림으로 부엌에 들어서다가 소스라치게 놀랐다.

희끄무레한 사람 형체가 부뚜막 옆에 웅크리고 있었다. 소란한 인기척에 어머니도 잠이 깨어 부엌으로 나왔다. 연탄가스를 걱정해 조금 열어놓은 부엌문으로 그날 손님이 든 것이었다.

손님은 우리가 광자라고 부르는 여인이었다. 부스스한 머리에 검은 보퉁이를 꼭 끌어안은 그녀는 몇 년 전부터 겨울이면 우리 동네에 나타나곤 했다. 겹겹이 껴입은 때 묻은 옷깃 위로 가녀린 목이 삐죽했다. 겨울방학을 맞아 갈 곳 없는 아이들이 낮이면 광자를 따라다니며 동네 골목을 누볐다. 아니면 광자가 노는 아이들을 바라보며 양지바른 공터에 앉아 있기도 했다. 그러다가 밤이 되면 광자는 동네 어느 집으로 스며들곤 했는데 그날은 우리 집이 선택된 모양이었다.

어머니는 낡은 이불을 가져와 광자를 덮어주었다. 아침에는 없는 찬이라도 소반에 밥을 차려주고, 물을 데워 세수시키고 손을 씻어주었다. 그리고 손톱깎이를 가져와 긴 손톱을 깎아주었다. 그러는 동안 광자의 초점 없는 눈은 허공에 걸렸다가 우리를 바라보다가 하였는데, 어쩌다 배시시 웃으면 나도 광자를 따라 웃었다.

그런 날은 아무 까닭 없이 기분이 좋았다. 근데 다시 밤이 되어 이불 속에서 윙윙거리는 바람 소리를 들으면 자꾸만 광자가 걱정되었다. 그래도 다음 날 아침이면 광자는 어느 집에 선가 한겨울 모진 한파를 피하고 아이들 앞에 나타났다. 동가식서가숙은 겨우내 계속되었지만, 얼음이 녹고 봄꽃이 필라치면 광자는 어디론가 홀연히 사라졌다.

찾아든 광자를 내치는 집은 없었다. 기꺼이 소박한 한 끼 밥과 허름할망정 온기가 배어 있는 옷 한 벌을 내주었다. 동네 사람들은 그냥 알았던 것 같다. 긴 획과 짧은 획이 서로 기대며 만나는 그 접점에서 인간의 하늘이 열리고, 그곳이 우리가 살아가는 세상이라는 것을. 그리고 그 하늘 아래에서 그때 동네 사람들은 광자의 작은 하느님이었으며, 어느 날 밤 불현듯 선택된 지위에 내심 감사하고 감격하리라는 것을 말이다.

한때 분식점을 한 적이 있다. 생전 처음 하는 장사였다. 생계를 해결할 방법이 막연한 때였다. 김밥을 만들어 파는 데 처음이다 보니 손이 더디기가 말할 수 없었다. 게다가 손님이 기다리고 있을라치면 더욱 허둥거렸다. 김밥 옆구리는 수시로 터졌다. 말아놓은 김밥도 어느 것은 크고 어느 것은 작았다. 그래도 그 김밥을 사는 손님들이 있었다. 어쩔 줄 몰라 하는 내게 불평은커녕 도리어 격려의 말을 해주기도 했다. 너무나 감사했다. 그때 손님들은 절실했던 나를 찾아와준 내 작은 하느님들이었다.

돌이켜보면 세상에는 작은 하느님들이 하늘의 별처럼 무수히 많았다. 내가 원하기만 하면 그들은 기꺼이 내게로 와서 나의 작은 하느님이 되어주었다. 가끔은 나도 그들에게 작은 하느님이 되기를 꿈꾸기도 했다.

사람 人 자 접점을 가로획이 관통하며 하늘을 만들고, 그 위에 또 한 획의 하늘이 놓여 있는 하늘 天 자. 비록 큰 하늘에는 가닿지 못해도 작은 하늘 아래에서 서로 작은 하느님으로 살아가는 인간이 보인다. 어설프게나마 겨우 天 자 한 자를 익혔다. 아직도 갈 길이 너무나 멀다.

진주 목걸이

거울을 본다. 처지기 시작한 목주름이 보인다. 세월이 남긴 흉터 같다. 이대로는 안 되겠다. 서랍을 열고 진주 목걸이를 꺼내 목에 건다. 목주름이 가려진다. 묵직하고 찹찹한 느낌도 싫지 않다. 나도 이제 진주 목걸이가 어울리는 나이가 되었다.

열대엿 살 때쯤 모파상의 《목걸이》를 읽었다. 가난한 여인이 친구에게 빌린 진주 목걸이를 잃어버렸다가 갖은 고생 끝에 새것을 사서 돌려준다. 그런데 애초에 그 목걸이가 가짜였다는 반전은 모두가 알고 있다.

그 책에는 삽화가 그려져 있었다. 일가친척을 통틀어 진주 목걸이를 한 여자를 본 적이 없는 나는 삽화 속 여인에게서 눈을 떼지 못했다. 가녀린 목에 걸려 있는 두툼한 진주 목걸이. 저런 목걸이라면 어머니 목에 있는 흉터를 가릴 수 있을 것 같았다.

흉터에 관한 오래된 이야기가 있다. 한국전쟁 직후 대구에 주둔해 있던 미군 부대 정문 앞에 한 남자가 나타났다. 남자는 보초 눈을 피해 철조망 울타리를 돌아 몸을 숨겼다가 차량이 나타나면 급히 뛰어오곤 했다. 그러기를 여러 번, 마침내 흰 별이 그려진 지프가 나타나자 남자는 차량 앞으로 달려가 드러누웠다. 미군들 총구가 남자를 겨누었다.

상황이 시끄러워지자 미군 장성이 지프에서 내렸다. 그의 다리를 부여잡고 눈물을 흘리며 남자가 말했다. "내 딸을 좀 살려주시오. 당장 수술하지 못하면 그 아이는 죽소." 통역이 달려와 그 뜻을 전했다. 장성은 잠시 생각하다가 짧게 한마디 했다. "OK, Let's it." 그렇게 해서 눈이 튀어나오고 목이 부풀어 오른 딸은 마군 부대 병원에서 수술받게 되었다.

극심한 갑상선항진증이었다. 목은 돌아가며 둥글게 절개되고 갑상샘 림프들이 제거되었다. 무모할 만큼 용기를 가진 그는 내 외할아버지이고, 딸은 나의 어머니다. 가까스로 목숨을 건진 어머니는 그 대가로 철조망 같은 긴 흉터를 목걸이처럼 목에 걸게 되었다.

그런 까닭에 어머니는 늘 목에 수건을 두르고 다녔다. 그러나 마치 숨기기 어려운 가난처럼 그 목걸이는 예기치 않은 순간에 모습을 드러내곤 했다. 한여름, 어머니가 평상에 앉아 수건을 풀고 목에 난 땀띠를 다독일 때, 뒷집 할머니가 대문도 없는 마당에 들어섰다. 미처 수건을 감지 못한 어머니에게 할머니가 말했다. "에구머니, 자네 목이 왜 그런가…." 차마 하지 못한 뒷말은 일그러진 표정에 고스란히 남아 있었다.

진주는 살아 있는 생명체에서 탄생하는 유일한 보석이다. 상처를 입은 진주조개는 상처에 체액을 덧입혀가며 스스로 치유한다. 그 과정에서 영롱한 진주가 만들어진다. 이윽고 조갯살은 문드러지고 껍데기는 버려질지언정 진주는 남는다. 그래서 진주를 조개의 눈물이라고 하나 보다. 차갑고 단단한 여느 광물 보석과는 달리 온기가 느껴지는 이유다.

어머니는 진주조개 같은 삶을 살았다. 입을 꾹 다물고 말을 잘 하지 않았다. 하기야 어디를 둘러봐도 귀 기울여 들어줄 사람이 없었다. 오랜 가난에는 효자만 없는 것이 아니다. 살가운 부모도, 다정한 남편도 없다. 오직 부양해야 할 어린 자식들만 남는다. 가슴 깊은 곳에 자리 잡은 상처는 갈비뼈 사이를 드나드는 바닷물같이 짠 내 나는 세월에 낳을 때나 쓰라리고 시렸으리라.

여러 집이 세 들어 사는 마당을 어머니는 늘 혼자서 깨끗이 쓸었다. 동네 아이들의 길고 더러운 손톱을 깎아주고, 모여 앉은 아이들에게 안데르센 동화도 들려주었다. 집을 찾아오는 거지에겐 찬밥이라도 소반에 차려주었고, 마당에 채송화와 나팔꽃을 심었다. 날마다 땟거리를 걱정하던 형편에 비추어보면 그런 행위들은 마치 진주조개가 흉터에 영롱한 체액을 덧입히는 과정 같았다.

노래를 좋아했던 어머니는 마당에 빨래를 널며 〈아, 목동아〉, 〈보리수〉 같은 가곡을 불렀다. 맑고 아름다운 목소리였다. 조개가 입을 열고, 가슴 깊숙이 자리한 진주가 은은한 빛을 발하는 순간이었다. 그럴 때면 철조망 목걸이는 눈에 보이지 않았다.

인생에는 소설에서보다 더 지독한 반전이 있다. 내게 진주 목걸이를 구할 능력이 생기기도 전에 어머니가 돌아가셨다. 죽음이라는, 영원한 단절의 의미를 이해하지 못하던 때였다. 이제 진주 목걸이가 가짜든 진짜든 아무 소용이 없게 되었다. 어머니는 철조망 목걸이를 그대로 지닌 채 땅에 묻혔다.

살다 보니 내게도 진주 목걸이가 생겼다. 친구는 보석함을 열고 진주 목걸이 하나를 골라 내밀었다. 비교적 알이 크고 분홍빛이 도는 것이었다. 한사코 사양하는 내 손에 친구는 기어코 목걸이를 쥐여주었다. 그러나 장신구에 전혀 관심이 없던 나는 그 목걸이를 십수 년간 서랍 속에 그냥 넣어두었다.

다시 거울을 본다. 어쩐지 내 얼굴에서 어머니가 보인다. 철조망 목걸이가 걸려 있는 긴 목이 떠오른다. 한 알 한 알 상처를 품고 있는 진주 목걸이가 목에 걸려 있다. 다시 보니 어머니는 사라지고 목걸이만 영롱하다. 두 볼을 타고 진주 같은 눈물이 후드득 굴러떨어진다.

터치 미

 텔레비전 화면에 '환불원정대'가 뜬다. 유명한 디바들로 구성된 4인조 여성 그룹이다. 구태여 거론하지 않아도 그녀들 이력은 화려하다. 남다른 개성과 특출한 가창력은 이미 인정받은 바 있다. 그러나 그녀들이 시선을 끄는 까닭은 어떤 환경에서도 기죽지 않고, 누구 앞에서도 당당할 것만 같은 태도 때문이다. 이른바 센 언니들이다.
 그런 언니들이 한목소리로 "돈 터치 미"를 외치고 있다. 자꾸 건드리지 말라고 한다. 아마도 요즘 성행하는 악플에 대한 내용을 담은 가사인가 보다. 인터넷이라는 익명성 속에 숨어서 스스럼없이 악의적인 터치를 해대는 사람들을 향한 항변인 듯하다. 흥겨운 리듬에 얹힌 노래가 절정을 향해간다.
 노래를 들으며 창가에 놓인 화분들을 쳐다본다. 두어 달 전 지인으로부터 선물 받은 것이다. 겨울에도 꽃을 피우는 그랑코

에라고 했다. 마치 선인장처럼 두꺼운 잎들 사이로 조그만 십여 개 봉오리들을 달고 있는 꽃대가 여러 개 솟아 있었다. 곧 꽃잎을 틔울 것 같이 부푼 봉오리들은 연한 분홍색을 띠었다. 햇살이 잘 드는 창가에 놓아두자 차츰 봉오리들이 부풀어 올랐다.

화분 세 개는 하나둘 꽃봉오리를 터트렸다. 뾰족한 꽃잎들을 돌려세우며 작은 왕관 같은 자태를 드러냈다. 그중 두 개는 연분홍색 꽃이 피었고, 하나는 붉은색 꽃이 피었다. 앞다투어 꽃이 피자 작은 화분은 별들을 가득 담은 바구니 같아졌다.

그런데 유독 한 화분 꽃봉오리들은 여러 날이 지났는데도 도통 필 생각을 하지 않았다. 매일 아침 옆 화분들이 하루가 다르게 화사해지고 있는데도 아무런 변화를 보이지 않았다. 아무리 살펴보아도 벌레를 먹은 것도 아니고, 잎이 메말라 보이지도 않았다. 다만 힘이 없는 듯 약간 고개를 숙인 것이 마치 깊은 잠에라도 빠진 것 같았다. 하긴 모든 꽃이 동시에 피어야 한다는 법은 없다. 겉으로는 비슷해 보여도 각자 다른 속사정도 있을 수 있지 않은가. 인내심을 가지고 기다려 보기로 했다.

누구에게나 남에게 보일 수 없는 속사정이 생기기도 한다. 몇 해 전 토요일마다 하는 분리수거장에 늘 보이던 이웃이 보이지 않았다. 다른 이웃들 말로는 한동안 고개를 푹 숙인 채 다니더니, 아는 체를 해도 고개를 돌리더란다. 아무래도 안 좋은 일이 있거나 어디가 아픈 모양이라고들 했다. 친한 이웃 형님과 함께 그녀를 찾아가 보기로 했다.

몇 번이나 벨을 눌러도 안에서는 기척이 없었다. 돌아가려다가 한 번 더 벨을 눌렀다. 천천히 신발을 끄는 소리가 들리더니 빼꼼히 문이 열렸다. 안색이 핼쑥한 그녀가 초점 없는 눈동자로 우리를 바라보았다. 마치 오래된 공기처럼 큼큼한 냄새가 그녀를 따라왔다. 왠지 가슴이 철렁 내려앉았다.

그녀 등 뒤로 어둑한 실내가 보였다. 한낮인데도 베란다 창에는 커튼이 드리워져 있고, 세월에 얼룩진 벽지와 한눈에도 오래되어 보이는 세간들이 붙박이처럼 놓여 있었다. 언뜻 보이는 주방에도, 마주 보이는 거실에도 생활의 흔적은 보이지 않았다. 마치 시간이 고인 웅덩이처럼 그녀 집은 세상 물결 아래로 가라앉아 있는 것 같았다.

안방 장롱에는 '엄마, 파이팅!'이라고 쓰인 흰 종이가 붙어 있었다. 우울증에 힘들어하는 엄마를 남겨두고 학교로 가야 하는 딸이 붙여놓은 것이었다. 순간 가슴이 뜨거워지면서 눈가가 뻐근해졌다.

우리는 한사코 얼굴을 돌리며 웅얼거리는 그녀 손을 잡았다. 뒤로 빼는 손을 다시 잡았다. 그녀는 손을 잡힌 채 가만히 우리를 바라보았다. 잠시 눈동자에 생기가 비쳤다는 생각은 아마 내 착각이었는지도 모르겠다. 그 후에도 우리는 소소한 먹을거리를 들고 찾아갔다. 비록 현관에 서서 손을 마주 잡는 것에 불과한 만남이었지만 말이다.

　어느 날 그녀가 분리수거장에 나타났다. 그동안 치료를 받은 것인지 안색도 좋아지고 잠깐씩 눈을 마주치기도 했다. 분리수거가 끝나자 그녀가 다가와 내 손을 잡아끌었다. 자기 집에 가자는 것이었다. 형님과 나는 그녀가 팥을 푹 삶아 만든 팥죽을 한 그릇씩 얻어먹었다. 어둑하고 빛바랜 실내는 여전했지만, 눈빛은 달라 보였다. 우리는 다시 손을 맞잡고 흔들었다.

　며칠 동안 여행을 다녀온 후에도 남은 화분은 꽃을 피우지 않았다. 여전히 봉오리를 매달고만 있는 꽃대를 바라보다가, 손가락 끝으로 툭툭 꽃대를 건드렸다. 애야, 잠을 깨렴. 정신을 차리렴. 애써 밀어 올린 봉오리들이 아깝구나. 한동안 아침마다 꽃대를 흔들며 중얼거렸다. 애야, 조금만 힘을 내렴. 너는 할 수 있단다.

　며칠 뒤 드디어 가장 큰 봉오리가 꽃잎을 터트렸다. 진분홍 꽃잎이 겹겹이 여울진, 앞의 꽃들보다 훨씬 화려한 꽃이었다. 연이어 꽃들이 터지고 진분홍색 꽃바구니가 되었다. 이 화분이 꽃을 피우지 못했더라면 어쩔 뻔했을까. 저 강렬하고 개성 있는 자기 자신을 알지 못하고 사라진다는 것은 얼마나 슬픈 일인가. 나는 꽃이 핀 꽃대를 흔들며 속으로 생각했다.

　"돈 터치 미"를 외치던 노래가 끝난다. 간섭하고 억압하는 터치만 있는 것은 아니다. 따스한 마음을 담은 터치도 있다.

앞서 핀 세 화분 사이에서 당당히 존재감을 뽐내는 진분홍색 화분에 괜히 눈길이 더 간다. 요즘처럼 코로나로 인해 비대면 관계가 강요되고 있는 때에 따뜻한 터치가 더욱 그리운 건 어쭙잖은 나만의 마음일까. 창가로 다가가 진분홍색 꽃을 가득 달고 있는 꽃대를 괜히 건드려 본다.

4391

처음부터 너와 나는 비밀을 공유한 사이가 되었지. 안개가 짙었던 봄밤, 자작나무처럼 하얗게 서 있던 전봇대를 들이받은 건 나였어. 그날따라 왜 그렇게 뒤가 보이지 않았는지 모르겠어. 네가 새 번호를 달고 우리 집에 온 지 사흘 만이었지. 매끈하던 뒤태가 움푹하니 들어가고 말았잖아. 참 난감하더라고.
　남자들이란 말이야, 차에 엄청 신경 쓰는 종족이야. 더욱이 새 차잖아. 술에 취한 남편을 싣고 오면서 시치미를 뚝 뗐지. 어차피 말해봐야 화만 낼 테고, 늦은 밤에 확인한다고 법석을 떠는 것도 성가시고 해서. 아무것도 모르는 남편은 잠만 잘 자더라고. 하지만 사실 나는 잠들지 못했어. 도대체 어떻게 수습해야 하나 심란했지.
　그런데 새벽에 나가 보니 말끔하게 회복되어 있더라고. 뒤 범퍼가 고탄력 고강도 플라스틱으로 되어 있었다나 봐. 그냥 봐서는 표가 하나도 안 나더라고. 물론 자세히 들여다보면 미세한 금이 있기는 했지만. 큰 충격이었을 텐데 그 정도로 참아준 네가 참 고마웠어. 그리고 부탁했지. 비밀을 끝까지 지켜달라고. 네 의리 덕분에 지금도 남편은 그 사실을 몰라.

너는 카렌스 집안 2대손이잖아. 나름 SUV 혈통이지만 세단에 대한 갈망을 영 버리지는 못한 것 같아. 은은한 펄이 있는 상아색이어서 더 그렇게 느껴졌는지 모르겠어. 좀 어중간하더라고. 아주 늘씬하지도 않고, 그렇다고 아주 투박스럽지도 않고. 마치 작업복에 진주 목걸이를 걸친 느낌이랄까.

그래도 경제 상황과 용도를 고려해 고르고 고른 너이고 보니 만나서 반가웠지. 한동안은 너와 함께 다니는 나를 사람들이 부러운 시선으로 쳐다보는 거 같았어. 괜히 머리도 한번 더 빗고, 옷도 좀 신경 쓰고 그랬어. 그래봐야 나도 너처럼 어중간한 인간이라는 건 알고 있었지. 나름 우아하게 살고 싶지만, 현실은 늘 울퉁불퉁한 길을 가야 한다는 것, 그것이 사람을 어중간하게 만드는 것 같아. 어쩌면 태생적으로 너와 나는 비슷했었는지도 모르겠다.

여자 팔자 뒤웅박이라는 말이 있어. 농담 같은 그 말에는 서늘한 현실이 들어 있지. 차 팔자도 그런 것이 아닐까 싶네. 하필이면 돼지국밥집을 하는 나에게로 와서 너는 첫날부터 국밥 배달을 해야 했지. 7인승이니 뒷좌석을 접으면 제법 넓은 트렁크가 생긴다는 것이 네 특징이잖아. 사실 그 점이 너를 선택하게 한 이유이기도 했고. 세상 때라고는 한 점 묻지 않은 몸에 국밥이며 김치가 흔적을 남기기 시작했지. 좀 미안하기는 했어. 그래도 어쩌겠어. 먹고사는 일이란 늘 어떤 거보다 우선하니까. 사는 게 그렇더라고.

너는 냄새나고 출렁거리는 그것들을 싣고 점심때마다 인근 공단을 누볐어. 가끔 환대도 받고 홀대도 받았지. 대부분 감사 인사를 받았지만 말이야. 근로자들은 배가 고팠고, 네가 싣고 간 것은 밥이었으니까. 그 밥 덕분에 십여 년간 우리 가족도 밥을 먹고 살았어. 밥이란 게 그렇게 서로 두루 떠먹여주는 건가 봐.

그렇다고 힘든 일만 있었던 것은 아니야. 이쯤에서 너와 함께한 가장 행복했던 시간을 말하려고 해. 비가 장대처럼 내리던 어느 여름날 밤 말이야. 내가 빗소리를 좋아하는 걸 너는 알고 있지? 비가 오면 음악을 끄고 전전히 운전하는 깃을 느꼈을 테니까. 그날 밤은 왠지 아파트 안에서 듣는 빗소리가 갑갑하더라고. 그래서 식구들이 잠든 후 주차장으로 내려왔지. 기꺼이 너는 나에게 품을 내어주었어.

빗방울에도 크기가 있고, 떨어지는 높낮이도 다르다는 걸 그때 알았어. 강철로 된 지붕을 두드리는 빗방울들의 파열음. 속삭이며, 흥얼거리며, 울부짖으며 이어지던 연주. 바람 따라 밀려오고, 쓸려가며 휘몰아치던 비의 광시곡. 네 몸을 공명하며 나를 가득 채우던, 자연이 작곡하고 비가 연주하고 바람이 지휘한 그 음악을 잊을 수가 없어. 앞 유리에는 빗물이 폭포처럼 흐르는데, 세상 모든 소리는 자신을 가르고, 부수고, 부딪칠 때 난다는 걸 문득 깨달았어.

언젠가부터 너도 조금씩 소리를 내기 시작하더라. 앞문을 열 때 삐그덕, 후진 기어를 넣을 때 찌그덕, 그리고 수시로 알 수 없는 곳에서 뚜두둑거리는 소리가 났지. 눈도 많이 흐려진 듯해. 하기야 세월도 갔고, 작은 추돌 사고들도 있었으니까 당연한 일이야. 게다가 정말 많은 일이 있었잖아. 배달을 그만둔 뒤에도 탈이 난 식구들을 싣고 응급실도 몇 번이나 들락거렸고, 비포장 길을 올라 산속 농장을 매일 같이 다니기도 하고, 부모님 유골함을 모시기도 했으니까. 내 무릎이 삐걱거린 뒤부터 너는 배추와 휴지와 생수를 실어 날랐어. 참 너 없었으면 어떻게 살았을까 싶다.

17년 동안 22만km가 네 주행 기록이야. 그동안 얼마나 종종걸음을 치며 살아왔는지를 알겠더라. 내가 너와 이별을 준비하고 있다는 걸 너도 짐작했나 봐. 새 차를 알아보고 계약하는 동안 너는 가끔 시동이 꺼지곤 했지. 그럴 때마다 이별이 다가오고 있다는 실감이 나. 하지만 나는 아직 준비가 덜 되었어.

결국은 우아한 세단도 되지 못하고, 야성적인 SUV도 되지 못했네. 어정쩡한 내 곁에서 어정쩡한 생을 살고 말았어. 그래도 너와 나는 세상에 나와 온갖 걸 경험했잖아. 이제 다시는 그 누구와도 할 수 없는 것들이야. 그러니 내게 새 차가 생긴다고 해도 결코 너와 같을 수는 없을 거야.

막상 이별의 그날이 오면 아마도 눈물을 한 바가지는 쏟을 테지. 그러기 전에 이 말을 해야겠어. 그래도 이날 이때까지 씩씩하게 잘 견뎌왔다고. 야, 4391. 너 참 잘 살아왔다고. 이제까지 하지 못한 말을 지금 너에게 꼭 해주고 싶어.

어느 무인카페

하천을 따라 산책을 나선다. 운동도 하고 저 아래 무인카페에서 커피도 한 잔 마시기 위해서다. 얼마 전부터 반복되는 일상이다. 하천은 완만하게 흐르고 있다. 늦가을이라 한동안 비가 오지 않았으므로 수심은 얕다. 갈대가 하얗게 사위기 시작하는 기슭에서 발목을 적시고 있던 재두루미 한 마리가 날아오른다. 이제 곧 이곳을 떠날 재두루미는 갈대숲을 한 바퀴 빙 돈다.

징검다리에 쪼그리고 앉아 돌 틈으로 빠져나가는 물살을 지켜본다. 징검돌들은 유유히 흐르던 물살을 긴 머리를 묶듯 질끈 묶는다. 물살은 결을 이루며 좁은 돌 틈 사이를 비집고 흐르더니, 이내 주름을 펴고 낭창거린다. 오후 편광이 길게 비친 하천은 곳곳이 희끗희끗하다. 마치 쪽머리를 푼 할머니 머리 타래 같다.

어느 해 겨울 돌연히 돌아가실 때까지 할머니가 머리를 감으시는 것을 본 적이 없다. 다만 머리를 푸시는 것을 본 적이 있는데, 비녀를 빼자 질끈 묶은 희끗희끗한 머리 타래가 하릴없이 툭 떨어졌다. 가슴이 철렁 내려앉았다. 단단히 옭아매었던 무언가가 대책 없이 떨어져 내리는 느낌이었다. 당황한 시선을 돌리면서도 흰머리가 섞인 긴 머리 타래가 방바닥을 굽이치며 흐르는 것을 보았다. 그것이 시간이라는 불가해한 존재에 대한 첫 번째 느낌이었다.

이렇게 흐르는 물 옆을 걸을 때만큼은 시간을 실체적으로 느낄 수 있다. 물살은 쉼 없이 시간을 하류로 실어 나른다. 멈출 수 없으므로 머물 수 없다. 무인카페가 있는 하류를 향해 발걸음을 옮긴다.

하천은 좁아졌다가 다시 넓어진다. 아래로 내려갈수록 곳곳에 바닥을 드러낸 곳이 보인다. 그곳에는 갈대가 자라 작은 숲을 이루고 있다. 그 뿌리께에 잡다한 것들이 엉켜 있다. 찢어진 비닐이며 앙상한 살을 드러낸 망가진 우산도 보인다. 지난여름 태풍에 휩쓸려온 잡동사니들이다.

그러고 보니 하천은 시간만을 실어 나른 것이 아니다. 집중호우에 물이 불자 온갖 것이 떠내려왔다. 평소에는 언제까지나 제자리에서 꼼짝하지 않을 것 같은 물건들도 섞여 있었다. 누군가가 지친 몸을 누였을 안락의자도 보이고 작은 냉장고도 보였다. 도대체 이런 것들은 다 어디서 떠내려오는 것일까.

내가 사는 아파트는 하천을 끼고 있는 부지에 세워져 있다.

호우경보 문자가 핸드폰에 뜬 날, 큰 우산을 쓰고 나가 하천가를 살펴보았다. 그리고 누군가의 신발 한 짝이 하류로 둥둥 떠내려가는 것을 오래도록 바라보았다.

비가 그치자 수량은 급속도로 줄어들었다. 급류에 떠밀린 징검다리가 어긋난 이처럼 다시 돋고, 황토를 벌겋게 둘러쓴 산책로가 모습을 드러냈다. 물살에 떠내려온 것들은 기슭이나 하천 가운데 갈대숲에 남루한 몸을 부렸다. 시에서 나온 미화원들이 날마다 포대로 퍼 날랐지만 아직은 그 흔적을 다 지우지 못한 모양이다.

하천이 굽어지며 만들어 놓은 둥근 하천부지 한쪽에 '무인카페'라고 쓴 나무 간판이 세워져 있다. 카페라야 그저 컨테이너 한 동으로 이루어진 네모난 공간이다. 누군가가 드나들며 돌계단도 만들고 자잘한 화분들도 갖다 놓았다. 아침에 주인이 선곡해 놓은 음악이 종일 반복되너 흐르고 있다.

기부함이라고 쓰인 나무통에 천 원을 넣고 커피 추출기를 눌러 원두 한 잔을 내려받는다. 탁자 세 개와 의자 여덟 개는 모양이 제각각이다. 원목도 있고 투명한 플라스틱도 있다. 나는 창가에 가 앉는다.

거울 옆에 '이 수익금은 불우 청소년을 돕는 데 쓰입니다.'라는 문구가 보인다. 카페 주인은 뒤편에서 고물상을 하는 분이다. 그저 있는 땅에 컨테이너 하나 놓고, 고물상에 들어온 물건 중 쓸 만하다 싶은 탁자와 의자들을 갖다 놓았다. 제법 산

책객의 발길이 들자 주인은 헌 책장을 들이고 인테리어 삼아 이런저런 물건들도 진열했다. 하나같이 쓸모없어 보이는 것들이다. 물론 이 물건들 출처는 고물상이다.

그런데 무인카페에 앉아 있으면 왠지 마음이 편안해진다. 어느 물건 하나 날을 세우고 있는 것이 없다. 생각해 보면 고물은 그저 되는 것이 아니다. 제각각 난 곳에서 고물상까지 흘러올 시간이 필요하다. 이토록 결이 삭을 만큼 나름 사연도 겪는다. 그리고 꿀꺽 가시를 삼키듯 이별이라는 순간을 통과의례처럼 감내해야 한다. 빛이 바래고 모가 닳은 이 물건들은 완전히 버려지기 전에 카페 주인 손에 의해 이곳에 부려졌다. 마치 계류장에서처럼 이들에게 잠시 휴식이 주어진다.

양쪽에 자개로 용을 새겨 넣은 검은 명패가 보인다. 무슨 농협 모 이사장이라고 쓰인 명패는 마치 하늘에서 뚝 떨어진 것처럼 보인다. 멀쩡하기는 하나 더 이상 쓸 것 같지 않은 그릇들, 노란 스웨터를 입은 금발 인형, 하늘을 나는 자전거가 그려진 때 묻은 캠퍼스, 종이학이 든 유리병, 나는 물건들을 눈으로 훑어본다. 도저히 한 공간에 존재하지 않을 것 같은 물건들의 공통점은 그저 시간의 물살에 떠밀려왔다는 점이다. 누구도 거역할 수 없는 물살이다.

문득 나 또한 정처 없이 떠내려온 것만 같다. 무수히 헤아리고 확인하고 인식했던 것들이 덧없어진다. 아무 맥락 없이 놓인 물건들이 모든 관계가 사라진 끝에서 오롯이 홀로 존재해야 하는 한순간을 보여준다. 그런데 이 공평한 고독에 은근히 안심되는 것은 왜일까. 아마 나도 시간의 강, 그 하류로 떠밀려가는 중인가 보다.

 누군가 들어와 무인카페에 불을 켠다. 창밖이 어둑하다. 산책로에도 하나둘 가로등이 불을 밝힌다. 검은 물살이 흐르는 하천을 거슬러 집으로 돌아간다. 뒤돌아보니 환히 불을 밝힌 무인카페가 마치 시간을 항해하는 배처럼 검은 물살에 떠내려가고 있다.

사이 間, 그 황홀한 스페이스
회귀선
돌부처
바림뭇
봄비
뒷배
암탉론

사이 間, 그 황홀한 스페이스

나는 어린이 성경으로 한글을 깨쳤다. 딱히 가지고 놀 것이 없던 시절에 그것은 내게 재미있는 그림책이 되어주었다. 인쇄가 조악하기는 했지만 컬러판이었다. 그리고 무엇보다도 첫 장에 있는 그림이 나를 사로잡았는데, 한쪽 팔을 쭉 뻗은 하느님 손가락 끝에서 번개 같은 섬광이 나와 새까만 허공을 가르고 있었다.

가르기가 창조의 기본 기술이었던가 보았다. 그렇게 갈라진 하늘과 땅 사이에 하느님은 이런저런 창조물들을 채워 넣었다. 그중에는 당신 모습을 본뜬 아담과 하와도 끼어 있었다. 그들은 하느님의 겉만 닮은 게 아니라 어지간히 속도 닮았던 모양이었다. 잘 지내던 에덴동산에서 괜히 하느님과 사이를 가르고 결별했으니 말이다.

어쩌면 최초의 인간들일지도 모를 그들 속에는 유전적으로 물려받은 가르기 기술이 내재해 있었는지도 모르겠다. 아담과 하와는 그 기술을 서로에게 적용한 끝에 나는 남자고, 너는 여자라는 엄청난 자각에 이르게 되었다. 붙어 있을 때는 보이지 않던 것도 사이를 가르면 보이기 마련이다.

얼떨결에 잎사귀로 주요 부분을 가리는 그림이 있었다. 하지만 상상을 해보자면 그것만으로 그 황당한 순간을 모면하기는 어려웠지 싶다. 둘은 그들 사이에 갑작스레 놓인 엄청난 차이를 극복하고자 하는 급한 마음에 섹스를 하게 되었던 것이 아닐까. 그리고 섹스를 끝내고 떨어지면서 한번 가른 것은 다시 붙지 않는다는 것도 알게 되었으리라. 어쨌거나 그리하여 하늘과 땅 사이에는 인간들이 가득 퍼지게 되었다.

이런저런 사정으로 종교인이 되지 못한 나는 하느님의 천지창조가 진실인가 아닌가에 대해서는 할 말이 없다. 다만 그 그림들이 인간에 대한 상당한 통찰력을 제공하는 장면이었다고 생각한다. 인간이란 사이에서 생겨나, 사이를 만들며, 사이에 존재할 수밖에 없다는 것을 일깨워주는.

그러고 보면 사이는 애매모호하고 흐릿한 무언가가 아니다. 애초에 인간 존재 자체를 가능케 하는 요람이다. 사이를 인식함으로써 우리는 각자 존재를 깨닫는다. 서로 같음과 다름을 인식하는 최초의 자각, 그것은 사이로부터 온다. 조각가 칼날처럼 사이는 존재를 조각해낸다.

공간상으로 하늘과 땅, 시간상으로 삶과 죽음, 심리상으로는 너와 나 사이를 벗어날 수 있는 인간은 없다. 사이는 극복해야 할 차이가 아니라 사는 동안 끊임없이 호흡해야 하는 공기처럼 아주 본질적인 것일 수도 있다. 그러므로 어딘가에 도달하려는 의지보다 사이를 인정하고, 자각을 통해 스스로 존재를 조각해내는 게 보다 잘사는 길인지도 모를 일이다.

정형화된 대상에 고착하면 사이는 보이지 않는다. 대상에 함몰되지 않으면서 대상을 바라볼 때 사이는 그 신비한 스페이스를 펼쳐 보인다. 생즉필멸生卽必滅의 모든 존재를 오롯이 품에 안은 채 스페이스는 무한히 흐른다. 어린 시절 프리즘을 통해 바라보던 무지갯빛 햇살 같은, 빙글빙글 영롱하게 아롱지던 만화경 같은 황홀경들을 가끔은 보여주면서 말이다. 그리고 문득 멈춰 선 자리에서 무심하게 고개를 돌려 지나온 길을 돌아볼 때, 빛으로 혹은 어둠으로 가득 찬 사이와 맞닥뜨린다. 그럴 때면 진저리를 친다.

그런데 인간은 언제 이 사이에서 벗어날 수 있는 것일까. 밖으로 나가는 문을 여는 열쇠가 죽음인 것은 아닐까. 수많은 죽음 앞에서 '삼가 고인의 명복을 빕니다.'라는 글귀는 보았어도 '삼가 고 인간의 명복을 빕니다.'라는 글귀는 보지 못했다. 아마도 죽은 뒤에야 인간에게서 사이 間 자가 떨어져 나가는 모양이다.

옛날에 할머니가 인간은 죽어서 별이 된다고 했으니 이 밤에 보는 저 별들은 죽은 인간들에게서 떨어져 나간 사이 間

자이겠다. 사이가 사이에서 빛나는 황홀한 스페이스를 눈이 시리도록 바라본다. 나는 살아서, 아직은 죽지 아니하였으므로 사이, 이 황홀한 스페이스에 존재해 있다.

회귀선

 만면에 홍조가 가득하다. 푸르디푸른 산 능선에 비스듬히 고개를 기댄 채, 여름 태양이 미소를 짓는다. 하늘 치맛단에 서서히 붉은 물이 든다. 다대포 푸른 품에 빠져버린 또 다른 태양이 사탕처럼 녹고 있다. 해면에서는 반짝이는 물비늘 카드섹션이 시작된다. 물에 적신 하얀 손수건 같은 얇은 파노가 올라와 달구어진 갯벌을 다독인다. 넓은 갯벌에 덧칠이라도 한 듯이 붉은 윤기가 흐른다.
 몰운대에서 노을을 바라본다. 언뜻 부는 바람을 타고 꼬리에 붉은 깃을 단 햇살 하나가 내게로 날아와 꽂힌다. 내 가슴에도 태양이 녹아들듯 붉은 물이 든다. 한번 물든 가슴은 꼼짝없이 그리움의 포로가 된다.
 누구나 돌아갈 때가 되면 으레 지나온 것이 그리워지기 마련이다. 해 질 녘, 집으로 돌아가던 아이는 모래사장에 덩그러니 놓인 모래집을 자꾸만 뒤돌아본다. 어두운 골목길, 집 앞 가로등 아래에서는 곧 놓아야만 하는 연인의 손이 더욱 가슴에 사무친다. 잡은 손을 떨쳐도 한참이나 따라 나오시는 백발의 어머니, 흐릿한 눈으로 뒤돌아본 신작로에서 자꾸만 그 그림자는 흔들리고 있다. 돌아갈 때가 되면, 정작 이별을 하기도 전에 두고 가야 하는 모든 것들이 그리워지는 것인지도 모르겠다.

　다대포 노을은 두고 가야 하는 그리운 것들에게 써 내려가는 태양의 편지다. 살아온 날들이 뜨거운 만큼 사연은 길어진다. 차마 하지 못한 고백은 저기 동그란 구름 속에 붉은 글씨로 적혀 있고, 그래도 남아 있는 미련은 선홍빛 아쉬움이 되어 구름 가를 적시고 있다. 좀 더 뜨겁게 사랑하지 못했던 회한은 자주색 구름 뒤에 살짝 가려져 있고, 그동안 고마웠다는 문장은 오렌지색 햇살로 써서 가장 잘 보인다. 편지는 편광을 받아 하늘 가득 펼쳐진다. 편지 한 장 남기지 않는 이별이란 얼마나 삭막할 것인가. 그 편지를 읽고 또 읽는다.

　한 줄이라도 놓칠세라, 어떤 이들은 편지를 사진기로 찍느라 여념이 없다. 바다의 숨결과 함께 출렁이던 이들도 괜히 하늘을 올려다본다. 다른 이들은 이름 모를 여인이 흘린 갈색 머플러 같은 다대포 해변을 따라 천천히 걷고 있다. 그 뒤를 붉은 발자국을 꾹꾹 찍으며 노을이 소리 없이 뒤따른다. 그들의 그림자가 길어지고, 갯벌이 짙어진다.

이 시간쯤이면 왠지 모를 허전함에 휩싸인다. 나도 어디론가 돌아가야만 할 것 같다. 어린 시절 땅거미가 질 때까지 정신없이 놀다가, 친구들이 모두 돌아간 공터에 혼자 남았을 때처럼 말이다. 저만치 어머니께서 저녁을 먹으러 오라고 손짓하시면, 괜히 설움에 복받치며 마구 달려가곤 했다. 집집마다 굴뚝에서는 저녁 짓는 연기가 피어오르고, 창문 틈으로는 어린이 저녁 방송 시그널 음악이 새어 나왔다. 그때 어머니 손을 잡고 뒤돌아본 하늘에는 지그시 눈을 감은 태양이 마지막 붉은 빛을 녹여 달콤한 솜사탕을 만들고 있었다.

돌아갈 예감을 한 태양은 기꺼이 권위를 버린다. 강렬하기만 했던 태양이 어두운 필터를 한 겹 끼운 것처럼 수그러진다. 점점 더 빛을 순화해가며, 부드럽고 유연한 면모를 드러낸다. 열기가 잦아들며 둥근 윤곽에 음영이 드리워진다.

시금은 누구도 눈살을 씨푸리지 않고 태양을 바라볼 수 있다. 낮의 끝자락을 들추고 밤이 스미기 시작하는 시간이다. 가벼운 두려움과 설렘이 교차한다. 다대포 여름 해변이 수굿해지는 태양을 끌어당기며 출렁인다.

밤과 낮, 그 경계가 모호해지는, 원천으로 회귀하는 시간이다. 얽혀 있던 마음 매듭들이 부드러운 노을빛에 녹아 느슨해진다. 치열하고 고단했던 일상들이 어스름한 해거름 속으로 물러난다. 하늘 한가운데서부터 청색 비단 같은 얇은 어둠이 드리워지자, 사위어가는 노을빛이 마지막 힘을 모아 몰운대를 밝힌다. 마치 태고의 사원에 횃불이라도 켠 듯하다. 절로 마음이 가라앉는다.

　기우는 빛을 등 뒤로 받자 산 능선이 더욱 뚜렷해진다. 홀로 돌아가야 하는 태양의 고독을 이해라도 하는지 산들이 묵직한 그림자를 안고 침묵에 든다. 나도 조용히 잔광에 잠겨 본다.

　눈을 감으니 양수 같은 노을에 둥둥 떠 있는 것 같다. 따뜻한 기운이 차오른다. 이 휴지야말로 축복의 시간이다. 뭇 생명들을 위하여 자연이 준비한 정화의 시간이다. 깊이 숨을 쉬며 차분히 기다린다. 문득 먼 여행에서 돌아와 집 안에 들어선 기분이 된다. 신발도 양말도 다 벗은 것처럼 심신이 편안해진다.

　태양은 이제 바랑을 지고 고개를 넘는 나그네처럼 산등성이를 넘는다. 반사되지 않고 나직이 깔리던 빛이 어둠으로 바뀌며 다대포에 내려앉는다. 물에 젖은 명주 같은 어둠이 산등성이에 찰싹 달라붙어 산 굴곡을 더욱 뚜렷이 하더니, 기어코 먹물을 풀어 커다란 수묵화를 그리기 시작한다. 화선지에 먹물이 번지듯 다대포 해변에도 어둠이 스민다.

　회색으로 채색된 산기슭에 더 짙은 색 길을 내며 철새들이 둥지로 돌아가고 있다. 갯벌을 따라 멀리 나갔던 사람들도 더욱 길어진 그림자를 달고 돌아오고 있다. 건너편 아파트 단지에는 집으로 돌아온 이들이 켠 전등 불빛이 하나둘 창문을 비춘다.

해 질 녘 다대포는 누구에게나 한 번쯤은 돌아와야 하는 곳이다. 어디에서 떠났는지는 문제 될 것이 없다. 얼마나 오랜 세월 뒤안길을 서성였는지도 묻지 않는다. 지나온 것들에 대한 그리움을 가슴에 품은 이는 다대포로 오라. 노을을 보며 지나온 것들을 마음껏 그리워하면 이곳이 바로 그대가 떠나온 곳이 된다. 따뜻한 그 빛에 흠뻑 젖어 떠났던 이곳으로 다시 돌아오게 되리라.

수평선의 경계가 가뭇해진다. 색과 형태가 사라진 풍경이 한 덩어리가 되어 다가온다. 모두 방향을 바꿔 원래의 곳으로 되돌아가는 시간, 짙어진 어둠에 잠긴 바다와 갯벌을 가르며 마치 회귀선인 양 다대포 해변이 하얗게 출렁인다.

돌부처

　단풍객들이 줄지어 올라가는 숲속 길가 한편에 돌부처 한 분 앉아 계신다. 언어도단이라 했던가. 저들의 말로는 도저히 뜻을 전할 길이 없어 이렇듯 비켜 앉았나 보다. 석굴암 가는 길 어디쯤이다. 사람들은 천 년이 넘어도 아름다움과 완결성을 보손하고 있나는 석굴암 본존불을 뵈러 가기에 여념이 없다. 언뜻 보아도 몇몇 시비와 함께 최근에 조성된 것으로 보이는 이 부처에게는 관심을 보이지 않는다.
　부처 또한 대중에게 관심이 없는지 마냥 똑같은 표정이다. 반쯤 내리뜬 눈과 엷은 미소는 전적으로 해석 영역이다. 천년 고도 신라의 상징인 처용의 미소를 걷어내고 보면 영역은 더 넓어진다. 명상에 잠긴 눈 같기도 하고, 졸음에 겨운 눈 같기도 하다. 자비로운 미소로 보이다가 무언가를 꾹 참고 있는 입매로 보이기도 한다.

둥근 얼굴과 육덕진 몸매가 석굴암 본존불을 닮았다. 아니 그대로 빼다박았다. 영화 예고편처럼 모형을 하나 만들어 놓은 셈이다. 그렇다고 부처에 진짜와 가짜가 있을까. 돌부처 앞에 두 손을 모으고 허리를 굽힌다.

비를 가리는 누각도 없고 향과 촛대를 놓을 제단도 없다. 덩그러니 난전에 나앉아 있는 부처에게 다가가 손을 뻗다가 흠칫 놀란다. 부처 무릎께가 따스하다. 돌이니 당연히 차가울 거라 짐작했다. 그러고 보니 아직은 따끈한 가을볕이 부처 어깨며 가슴팍을 내리쬐고 있다. 태양 열기가 돌에 스몄다. 손바닥으로 묵직한 온기가 전해진다. 얇은 가사 아래에서 마치 피돌기라도 하는 듯하다.

피돌기를 하는 것들에게는 온기가 있다. 아이들을 품에 꼭 안고 있으면 마치 오븐에서 구워지는 빵 같은 몰랑한 촉감과 함께 내 체온보다 한 눈금 더 높은 온기가 느껴졌다. 아이들은 스스로 발열하는 에너지 덩어리였다. 그 에너지로 한시도 쉬지 않고 자랐다. 그러고 보면 온기는 생명의 근원이며, 생명이고자 하는 염원인 것 같다.

지구 마지막 날을 다룬 공상과학 영화를 본 적이 있다. 핵폭발이 일어나고 핵 구름이 태양을 가리자 지구는 급격히 얼어붙는다. 살아남은 한 무리 사람들이 도서관으로 향한다. 그들은 혹독한 추위를 막아보려 책을 불태운다. 지폐는 이미 태웠다. 셰익스피어와 프로이트와 릴케의 언어들이 한 줌 재가 된다. 성경도 불꽃 속으로 던져진다. 단지 얼마간의 온기를 얻기 위해서.

혹, 이 돌부처도 생명을 얻고자 염원하고 있는 것이 아닌가 하는 생각이 머리를 스친다. 도대체 얼마를 이 자리에서 좌정하고 있었던가. 등 뒤에서는 푸른 동해가 쉼 없이 철썩이고, 토함산은 계절마다 색색 옷을 갈아입었다. 뜨거운 태양이 등을 데우며 서서히 떠오르는 날마다 돌 속 척추는 조금씩 삐거덕거리고 싶었을 것이다. 지금처럼 무릎이 따뜻해지면 굳은 관절을 펴고 단 한 걸음만이라도 내딛고 싶었으리라.

거대한 화강암 덩어리 속에서 돌부처를 파내며 석공은 어떤 염원을 했을까. 뭇 대중들 고통을 이해하고 구원하는 신성한 부처가 되기를 바랐을 것이다. 이해하려면 알아야 하고, 알려면 감각해야 한다. 오직 생명만이 감각할 수 있다. 그러니 석공이 내심 원했던 것은 돌부처의 피돌기가 아니었을까.

아득한 옛날, 지구 맨틀이 식기 시작할 때부터 화강암은 철, 칼슘, 마그네슘 같은 무거운 광물들을 가라앉히며 서서히 굳은 돌이다. 물론 이 '서서히'라는 표현에는 가늠하기 어려운 시간이 담겨 있다. 지구 역사가 45억 년이라고 하니 어림잡아도 인간 역사는 화강암의 그것과는 견줄 수조차 없다.

화강암은 버릴 줄 아는 돌이다. 버리는 데도 인내가 필요하다. 억겁 세월을 버리고 또 버리며 가벼워지기를, 순수해지기를 기다렸다. 마침내 석공의 손에 의해 부처로 나투었으나 생명을 얻을 수는 없었다. 그저 낮이면 데워졌다가 밤이면 차가운 돌로 돌아갈 뿐이다. 천형이다.

불현듯 저 부처를 온몸으로 안고 싶다. 가슴과 가슴을 맞대고 온기를 전하고 싶다. 굳게 다문 입술을 비집고 훈기를 불어넣고 싶다. 눈동자를 한 꺼풀 깎아내고, 귓구멍을 뚫는다면 보고 들을까. 저 거친 손바닥을 비비고 비비면 촉감을 느낄까.

언어도단이란 인간 인식의 한계를 일컫는 말이다. 언어 이전에 감각이 있다. 존재라는 원전을 읽어낼 수 있는 언어 아닌 언어가 감각이 아닐까. 감각은 불완전한 인간에게 내린 신의 언어이다. 어쩌면 신조차도 가질 수 없었던.

불국사에서 종소리가 밀려오고, 어두워지는 풍경이 파도처럼 출렁인다. 이제 말과 글이 끊어진 길을 오르는 사람들은 보이지 않는다. 터벅터벅 내려오다 뒤돌아보니, 다시 차갑게 식어야만 할 돌부처는 그 자리에 여전히 말없이 앉아 있다.

바림붓

원앙 한 쌍이 잔잔하게 물살을 가른다. 그 뒤로 커다란 연잎이 그늘을 드리우고 있다. 밀려드는 물여울에 살짝 흔들리는 듯하다. 부풀어 오른 분홍 연꽃봉오리가 막 입을 벌린다. 그래도 한여름은 아니다. 한 금 잦아진 편광이 원앙 깃털을 더욱 친린하게 힌다. 하늘을 향해 원형 안테나처럼 펼진 연잎 가장자리가 둥글게 말리며 주황색을 띤다. 청량한 바람이 불고 풋풋한 물 향이 코끝에 와닿는다.

녹색 물감을 찍어 연잎 가운데를 한 번 더 칠한다. 연거푸 물감을 빨아들인 화선지는 미세한 올이 풀리며 흠뻑 젖는다. 그리고 서서히 짙은 청록색으로 말라간다. 벌써 네 번째다. 이번에는 제법 서로 그림자를 나누는 무성한 연잎의 짙푸른 향이 느껴진다. 나는 종이에 물기가 다 가시기 전에 바림붓을 든다.

민화 교실 작업대 위에는 붓 통 세 개가 있다. 그중 가장 작은 통에 면상필이 꽂혀 있다. 선을 그릴 때 쓰는 붓이다. 붓대가 가늘고 모가 적어 먹물을 찍어도 꼿꼿함을 유지한다. 다음 통에 들어 있는 붓은 채색붓이다. 면상필보다는 굵고 모가 많다. 여러 색 물감을 칠할 때 쓴다. 마지막 통에 서 있는 바림붓은 대가 굵고 하얀 모도 풍성하다. 부드러우면서도 만만치 않은 카리스마가 느껴진다.

먼저 밑그림 위에 화선지를 얹고 네 귀를 핀으로 고정한다. 면상필에 먹물을 찍고 붓끝과 종이가 수직이 되도록 손목을 세운다. 붓끝을 따라 그어지는 가느다란 먹선이 백지 위에 연꽃이며 연잎을 만들어낸다. 그 사이로 갈대와 원앙도 나타난다. 세밀한 곡선을 따라가다 보니 초등학교 시절 세계지도를 그리던 일이 떠오른다.

고물상에서 주워온 《사회과 부도》에는 알록달록한 세계지도가 있었다. 바다 위에 조각조각 붙여놓은 것 같은 땅들이 각 나라들이었다. 신기했다. 나라들 사이에 구불구불한 국경이 보였다. 그려보고 싶었다. 뾰족하게 깎은 4B연필로 얇은 도화지 밑에 깔린 세계지도의 선을 따라갔다. 아시아가 생기고 아메리카가 나타나고 아프리카가 드러났다. 선을 그린다는 것은 나름 세상을 인식하고 구성해가는 과정이다.

연꽃에 호분을 칠한다. 호분은 민화에 쓰는 하얀색 물감이다. 선이 보이기는 하지만 너무 뚜렷하지는 않도록 여러 번 덧입힌다. 연잎과 갈대에는 연한 황색이 도는 밑색을 바른다. 그리고 내가 좋아하는 청록색 물감을 찍은 채색붓이 연잎 위를 여러 번 지나간다. 맑은 청색을 풀어 밑이 말갛게 보이는 연못물을 고이게 하는 것도 채색붓이다.

어린 나는 방바닥에 배를 깔고 엎드려 색연필로 나라마다 다른 색깔을 칠했다. 열두 색은 금방 동이 났다. 그래서 돌아가며 같은 색으로 다른 나라들을 칠했다. 빨갛고 파랗고 노란 나라들은 아시아에도 아메리카에도 아프리카에도 생겨났다. 각기 다른 색깔을 맞댄 국경은 더욱 분명해졌다. 색을 칠한다는 것은 세상에 자기만의 의미를 부여하고 확인해가는 과정이다.

젊었을 때는 세상이 선명하게 보인다. 좋고 싫고, 옳고 그르고 판단에 망설임이 없다. 스스로 그은 선과 스스로 칠한 색을 의심하지 않는다. 한 개체로서 존립하기 위해 선과 색을 더욱 진하게 한다. 기존 세상과 다르다는 게 존재의 경계가 된다. 경계면의 색이 대비될수록 존재감은 높아진다.

오랜 세월 나는 남들과는 다르다고 생각하며 살아왔다. 유난히 예민했고, 유난히 심약했다. 또래와 어울리지 못하고 혼자 지내는 시간이 많았다. 그러다 보니 혼자만의 인식으로 세상에 선을 긋고 색을 칠했다. 그 색은 살아갈수록 진해졌다. 남들과 변별되는 짙은 색을 자신이라고 여겼다. 나는 주위와 좀체 조화되지 못하는 내 색을 가지고 세상 가장자리를 떠돌며 살았다. 초라하고 고단했지만 물러서지 않았다. 내 색을 버리는 건 나를 버리는 거라고 믿었다. 적어도 젊음의 푸른 서슬이 가시기 전까지는.

바림붓을 물에 적신다. 먹물이나 물감을 찍어 쓰는 다른 붓과는 달리 바림붓의 염료는 물이다. 청록색 연잎에 투명한 붓질을 한다. 인디고 같았던 물감이 풀어지며 경계가 흐려진다. 다시 한번 내리 바른다. 자연스럽게 그러데이션이 된다. 딱딱하게 굳어 있던 연잎이 낭창거리며 가장자리가 얇아지고 가벼워진다. 내려앉는 햇살과 스치는 바람에 몸을 맡길 준비가 된다.

그림 곳곳에 바림붓이 지나간다. 선과 색은 유지하면서 경계는 부드러워진다. 입체감이 살아나고 느낌이 깊어진다. 비로소 푸른 연잎 위 흰 연꽃이 어색하지 않고, 연잎 아래를 지나가는 원앙이 자연스럽다. 선과 색이 형태를 구분하면서도 서로 연결된다. 하나로 조화되는 그림이 점점 아름다운 모습을 드러낸다.

삶에도 바림붓이 있나 보다. 인생에 가을바람이 불기 시작한 어느 때쯤부터 그 붓질을 느낀다. 세월에 흠뻑 젖은 바림붓이 짙기만 한 내 색을 안에서부터 밖으로 풀어낸다. 뭉근한 붓질에 굳었던 마음의 올이 살살 풀린다. 세상과 나 사이 경계가 흐려진다. 세월의 바림붓은 바깥을 향해, 세상을 향해 기꺼이 화해의 몸짓을 계속한다.

민화 교실을 나서니 보도에 하나, 둘 나뭇잎이 떨어진다. 벗

나무 잎 하나를 주워 든다. 이미 바림질이 된 나뭇잎이 녹색을 밀어내며 가장자리를 노르스름하게 물들였다. 멀리 가을 산을 바라본다. 하늘에서 투명하고 커다란 바림붓이 내려왔는지, 바야흐로 산꼭대기에서 아래로 거대한 붓질이 시작되고 있다.

봄비

행복한 당신께.

간밤에 저는 쉬이 잠들지 못했습니다. 푸석한 잠의 각질들이 자꾸만 들뜨는 밤이었습니다. 아무리 이불깃을 여미어도 잠은 단단해지지 않았습니다. 반투명 눈꺼풀 안쪽으로 희끗희끗한 형상들이 잠시 미물렀다기 시리졌습니다. 잠결 기슭에서 니아가지도 밀려나지도 못한 채 얕게 떠 있었습니다.

그때 저는 빗소리를 들었습니다. 갑자기 제 귓바퀴가 소리 없이 넓어져 침대 아래로 흘러내리더니 창문을 넘고 마당 나무 아래로 깔리는 것을 느꼈습니다. 잘 반죽된 밀가루 덩어리를 밀대로 펴고 또 펴는 것 같았습니다. 얇아진 귓바퀴 위로 작은 빗방울들이 떨어져 내렸습니다. 빗방울들은 텀블링 위 아이들처럼 그렇게 소란스럽지는 않았습니다. 아주 조용히 한두 번 몸을 굴리더군요. 둥글고 작은 빗방울들의 탄력을 갈급한 대지가 쑤욱 빨아들이는 모양이었습니다. 빗방울들은 튀지도 않고 토닥토닥 대지 속으로 스며 들어갔습니다. 멀리서 찾아온 손님의 조심스러운 발자국처럼 제 귓가에서 아득하게 울렸습니다.

 행복한 당신, 당신도 빗소리를 듣고 있었나요?
 빗소리는 다시 마당을 지나 창문을 넘고 침대를 올라와 제 고막을 울렸습니다. 잠시 귀를 기울이니 빗소리는 점점 더 분명해졌습니다. 한 음 뒤에 한 음이 따르고 그 음들 사이에 조금 멀거나 가까운 곳에 떨어지는 다른 한 음이 섞이는 고즈넉한 연주, 한밤중에 갑자기 시작되었지만, 오래전부터 예고되어 있었던 듯 익숙한 리듬, 밖으로 울려 퍼지는 것이 아니라 자꾸만 안으로 스미는 음들, 한결같이 계속되는 나지막한 음들의 쓰다듬음. 저는 빗소리에 집중하며 잠결에서 헤어 나왔습니다. 눈을 뜨니 묵직한 어둠은 아직 방 안에 머물러 있더군요. 잠결에서는 분명히 빗소리가 제 안에서 공명하고 있었는데, 잠을 깨니 빗소리는 밖으로 밀려 나가 창문을 두드리고 있었습니다.
 저는 커튼을 젖혔습니다. 빗줄기는 조금 거세진 듯했습니다. 유리창에 부딪힌 빗방울들이 투명한 캔버스에 떨어진 묽은 물감처럼 흘러내렸습니다. 잠깐 형태를 유지하다가 곧 허물어지는 빗방울들을 바라보았습니다. 눈을 감았다가 다시 떴습니다. 마당 키 작은 가로등 불빛에 반사되며 빗방울들은 반복해서 유리창을 두드렸습니다. 흘러내리면서도 포기하지 않는 빗방울들

속에서 문득 저는 제 두 눈을 발견했습니다. 기이한 일이었습니다. 저는 밖을 바라보고 있는데, 제 두 눈은 빗방울들 사이에서 저를 바라보고 있었습니다.

제가 갈증을 느낀 것은 무슨 이유 때문일까요? 당신은 그 이유를 아시나요?

저는 창문을 열었습니다. 한기가 훅 밀려들었습니다. 동시에 비릿한 물비린내와 메케한 흙냄새와 아릿한 풋내도 섞여 들었습니다. 가로등 불빛이 안개처럼 퍼져 꿈 밖의 꿈을 보는 것 같았습니다. 다만 나뭇가지 끝에 매달린 물방울들이 견고한 구슬처럼 빛나며 현실감을 주었습니다. 내민 손가락 사이로 빗물이 흘러내렸습니다. 의외로 차갑더군요. 저릿한 통증이 팔꿈치를 지나 어깨뼈에 와 박혔습니다. 저는 창문을 닫았습니다.

저는 상상했습니다. 문을 열고 밖으로 나서는 저는 맨발입니다. 빗방울은 세례를 주듯 욜곤이 제 정수리로부터 흘러내립니다. 마른 나뭇가지 끝에 달린 물방울들처럼 제 머리카락 끝에도 올올이 구슬이 맺힙니다. 저는 흙물이 든 발꿈치를 끌며 길을 걸어갑니다. 그러는 동안 옷이 젖고 몸이 젖고 마음도 젖습니다.

저는 알몸으로 나무 밑에 앉아 있습니다. 제 몸에서는 아지랑이처럼 더운 김이 나는군요. 모공으로 빗방울들이 스며들고, 스며든 빗물로 몸이 퉁퉁 불어납니다. 특히 손가락 끝이 툭툭 불거집니다. 몸속 뼈가 빗물에 녹아 흐느적거리고, 그 틈에서 무언가가 스멀스멀 생겨납니다. 마치 제가 녹아 없어질 것 같습니다. 그때 불티 같은 하나의 숨이 명치끝에 머뭅니다. 뜨거운 바람을 불어넣은 풍선처럼 갑자기 몸 안에 탄력이 생깁니다. 날카로운 긴장이 손끝으로 내닫습니다. 그것은 점점 뾰족해집니다. 그것이 제 살갗에 닿기 전에 저는 상상을 멈추었습니다. 찢어지는 것은 두려운 일이니까요.

　어두운 창밖에는 여전히 비가 내리고 있었습니다. 상상을 멈추자 저와 빗방울 사이에는 투명한 유리창이 다시 생겨났습니다. 사실 유리창은 아주 오래전부터 이곳에 있었다는 사실을 알고 있습니다. 다만 간밤 비에 저는 유독 젖고 싶었고, 또한 젖고 싶지 않았기 때문에 유리창은 그 존재를 분명히 할 수 없었을 뿐입니다. 안온과 갈망 사이에서 유리창은 흔들렸습니다. 빗방울들은 여전히 허물어지면서도 유리창에 머물렀고, 제 두 눈을 빌려 저를 깊이 바라보았습니다.

　행복한 당신, 당신은 제가 왜 당신을 행복한 당신이라고 부르는지 알고 계시나요?

　언젠가부터 저는 당신을 느끼고 있었지만, 당신과 만나지는 못했습니다. 당신은 저로부터 생겨났지만, 지금은 너무나 멀리 떠나 있습니다. 흔히들 잃어버린 나의 반쪽이라고 이야기하지만, 그것은 헛말입니다. 어느 것도 반쪽으로 존재할 수는 없으니까요. 처음부터 온전히 있었으나 유리창 너머에 존재하는 당신, 당신을 한 번만 껴안아 볼 수 있다면 참 행복하겠다고 생각했습니다.

그러나 당신은 너무 크고 단단합니다. 당신은 절대로 쪼갤 수 없는 존재입니다. 언제나 총체적인 당신. 당신은 당신을 껴안을 수 있는 기준을 분명하게 제시합니다. 오롯이 온전히 품을 것. 이 한 가지 조건을 충족시키기가 너무나 두렵습니다. 왜냐하면 저는 당신에 비해 터무니없이 작으니까요. 당신을 껴안으면 산산조각이 날 것만 같습니다. 저는 당신과 분리된 후로 이상하게도 점점 더 작아졌습니다. 세상을 살아갈수록 시야는 좁아지고 품은 쪼그라들었습니다. 이런 제가 당신을 품기란 요원해 보입니다. 그래도 그리운 당신, 저는 당신에게 행복한 당신이라는 수식어를 붙이고 마치 곁에 있는 듯 불러보곤 합니다.

그동안은 건조한 날들의 연속이었습니다. 누구는 유례없는 가뭄이라고 했습니다. 골싸기나 물이 마르고 저수지들도 민망한 배를 드러내었습니다. 스치는 바람에서도 먼지 냄새가 났습니다. 메마른 날들이 마른 책장을 넘기듯 무수히 지나갔습니다. 뿌리가 얕은 초목의 잎은 만지면 금방이라도 부서져 내릴 듯이 말라 보였습니다. 오랜 세월 땅속 깊이 뿌리를 내렸을 큰 나무들도 가지 끝이 비틀리기 시작했습니다. 모두가 피로한 표정이었습니다. 간혹 마른기침 같은 바람이 불었지만 구름은 모이지 않았습니다.

저에게도 세월은 그와 같았습니다. 젊은 시절 제 살을 찢으며 두 번 출산을 경험한 이후로 제 몸은 말라만 갔습니다. 한때 푸른 강물처럼 넘실대던 물결은 점점 수위가 낮아졌습니다. 나이 오십을 넘기자 바닥을 드러내고, 언제부터인가 질척이던 바닥마저 하얗게 말라버렸습니다. 스스로 마른 나뭇가지 같다고 느끼기 시작한 지 벌써 여러 해가 지났습니다.

행복한 당신, 저는 지난겨울 내내 마른 숲을 걸어 다녔습니다.

서로 가지를 맞댄 맨몸의 나무들은 깊은 꿈에 빠진 듯했습니다. 저는 큰 나무 둘레를 한 바퀴 빙 돌았습니다. 발밑에서 바싹 마른 낙엽이 바스락거리며 부서졌습니다. 한때 낙엽들은 나무의 모든 의미이며 사랑이었을 것입니다. 햇빛 다발이 빗살처럼 내리던 뜨거운 날들에 잎들은 나뭇가지를 덮으며 찬란하게 흔들렸겠지요. 나무는 정말 그런 날들을 잊었을까요? 찬바람이 불고, 끝까지 버티던 마지막 잎사귀 꼭지가 제 몸에서 떨어져 나가던 아뜩했던 순간도 잊은 것일까요? 나무는 낙엽들이 부서지는 소리를 듣고도 아무런 기척이 없었습니다. 저는 나무에 기대앉았습니다.

문득 지금 나무가 상상에 빠져 있는 건 아닐까 하는 생각이 들었습니다. 길쭉하기만 한 체형과 거친 갈색 표피 속에는 생명의 수맥이 끊임없이 흐르고 있을 테니까요. 생존을 위한 모든 변화와 탈피에 상상은 꼭 필요한 것이지요. 상상은 살아 있는 것들의 숙명입니다. 생명이 깃든 몸속에는 상상도 같이 깃들어 있습니다. 나무의 상상은 혹한의 날들에 더욱 깊어졌을 것입니다. 모든 것이 끝날 것만 같이 눈보라가 치던 날, 몸속에서 스멀거리는 상상 하나가 돋았을지도 모르겠습니다. 그 상상 한 점에 마지막 온기를 모으며 겨울을 날 테지요. 저는 그것이 나무가 꾸는 꿈이 아닐까 생각했습니다.

행복한 당신, 그거 아세요?

모든 꿈은 꿈꾸는 자보다 크고 단단하다는 점에서 당신과 많이 닮았다는 것을요. 그래서 꿈들은 쉬이 밖으로 나오지 못하지요. 꿈을 꾸어본 자들은 알고 있지요. 꿈을 밖으로 꺼내기 위해서는 반드시 스스로 찢어져야 한다는 사실을요. 그것은 참으로 두려운 일입니다. 꽉 낀 깍지처럼 생각과 생각은 맞물려 있습니다. 깍지의 미세한 사이마저 온갖 감정들이 아교풀처럼 엉겨 붙어 있어 도저히 틈을 만들 수가 없습니다. 저의 표피는 여전히 마른 나뭇가지처럼 딱딱하고 완고합니다. 이런 제게도 봄비가 스밀까요?

유리창 너머는 아직 어두웠습니다. 가로등 희뿌연 반사광 사이로 끊이지 않고 내리는 봄비는 무슨 주문 같기도 했습니다. 봄비가 마른 나뭇가지를 비단실처럼 친친 감아대었습니다. 은근하고 집요한 몸짓이었습니다. 젖어서 검은 윤기가 흐르는 나뭇가지 끝이 부풀어 있는 것이 보였습니다. 야릇한 통증이 가슴을 스치고 지나갔습니다. 아슬아슬한 배반의 기류가 나뭇가지를 타고 전류처럼 흘렀습니다. 지난가을 가혹했던 추락을 깡

그리 잊고 또다시 나무는 자기를 배반하기 시작한 것 같았습니다.

봄비가 배인 공기 속으로 야릇한 배반의 향기가 자욱이 퍼졌습니다. 흔들리는 나뭇가지 사이로 산수유 눈 하나가 노랗게 터져 있는 게 보였습니다. 피었다가 져야만 하는 꽃들이었습니다. 어쩌면 나무에게는 다시 되풀이하고 싶지 않은 여정일지도 모르겠습니다. 그러나 봄비 때문일까요? 말라버린 것에 기어이 스미고야 마는 저 봄비 말입니다. 이제는 멈출 수 없어 보였습니다. 빗소리와 함께 봄비에 흠뻑 젖은 존재들이 툭툭 표피를 가르는 소리도 들리는 것 같았습니다. 아무도 보지 않는 곳에서 최초의 꽃이 피고, 그곳에 행복한 당신이 활짝 웃고 있다는 것을 알고 있습니다.

아직은 틈을 보이지 않는 어둠도 때가 되면 자신을 가르고 어제보다 더 빛나는 세상을 내어놓을 것입니다. 봄비를 갈급하게 빨아들인 대지도 굳었던 지면을 허물어뜨리고 끝없이 푸른 풀밭을 토할 것입니다. 모두 당신을 향해 뜨거운 숨을 뿜으며 달려가고 있습니다. 한때의 두려움은 날카로운 염원이 되어 제 몸을 가릅니다. 숲속으로 복음처럼 소문이 퍼집니다. 두런두런 숲이 깨어납니다. 이제 눈을 뜨고 당신을 만날 시간입니다. 당신의 뜨거운 숨결이 귓가에 와닿습니다.

행복한 당신, 봄은 배반의 계절입니다.

저는 커튼을 닫고 다시 잠자리에 들었습니다. 이불을 꼭꼭 여미고, 마치 땅속 씨앗처럼 웅크리고 누웠습니다. 그리고 기다렸습니다. 저 봄비에 푹 젖기를요. 풀어헤쳐지고, 마침내 찢어져버리기를요. 그래야만 당신을 만나 품 안 가득 안아볼 수 있을 테니까요. 그렇게 자신이 자신을 찢고 나오는 배반의 은총을 기다리는 동안, 토닥토닥 봄비는 밤새 내렸습니다.

뒷배

잔잔하게 밀려온 파도가 살짝 흰 이를 드러내며 웃는다. 이럴 때 바다는 영락없이 수줍은 소녀 같다. 해변에는 크고 작은 자갈들과 엉킨 해초 더미, 찢어진 그물과 스티로폼 조각들, 그리고 잡다한 쓰레기들이 흩어져 있다. 연두색 형광 조끼를 입은 사람들이 집게와 갈퀴를 들고 이것들을 수거한다. 한쪽에는 이미 하늘색 비닐 자루에 담긴 쓰레기들이 잔뜩 쌓여 있다.

며칠 전에 큰 태풍이 한반도를 덮쳤다. 올해 들어 세 번째 태풍인 '하이선'이다. 이곳 임랑 해변도 맨몸 그대로 태풍을 맞았다. 아마도 뭍으로 끌어올려졌을 배들이 다시 포구의 바다 위에 떠 있지만, 어딘지 불안한 모습들이다. 깃발 하나 꽂혀 있지 않고, 당장 다시 뭍으로 올라올 채비라도 하는 듯이 품 안 가득 어구들을 끌어안고 있다. 대문을 나와 해변을 살피는 사람들 발걸음도 아직은 조심스럽다. 역대급 운운하는 이번 태풍에 적잖이 놀랐을 것이다.

　태풍으로 뒤집힌 바다는 해변으로 온갖 쓰레기들을 뱉어 놓았다. 마치 역겨운 것을 먹고 토한 듯하다. 하긴 이 쓰레기들은 본래 바다의 소유가 아니다. 인간들이 일방적으로 바다에 갖다버린 것이니, 바다가 되돌려준다 해도 할 말이 없다. 술에 취한 사람이 토해 놓은 것을 보면 그 사람이 무엇을 먹었는지를 알 수 있다. 바다가 뱉어 놓은 것이 이기적인 인간들이 무엇을 탐했다가 버렸는지를 알려준다. 이렇게 속을 비운 바다는 가슴이 좀 시원해졌을까.

　그렇다고 바다가 자기 속을 다 토해냈다고 생각하는 것은 커다란 오산이다. 어찌 이 정도를 가지고 바닷속을 가늠하랴. 아래로 흐르는 물을 따라 바다로 흘러든 것은 쓰레기만이 아니다. 해발 0m, 흐르고 흘러 더 이상 낮아질 수 없는 곳이 바다이다. 아주 오래전 한 소녀가 날마다 낮은 바닷가를 찾아왔었다. 그것도 칠흑같이 어두운 밤바다를.

　수영 로터리를 돌아 정차한 버스는 붉은 후미등을 흔들며 소녀의 눈앞에서 사라졌다. 내리는 승객들을 한 사람씩 바라보며 터질 것 같았던 심장으로 찬바람이 몰아쳤다. 막차였다. 오늘은 엄마가 돌아오기를 그토록 바랐건만, 발아래로 시커먼 어둠이 허물어져 내렸다. 소녀는 텅 빈 도로를 가로질러 걸었다. 희미한 방범등 불빛이 소녀를 삼켰다가 토해 놓았다. 이미 골목 안쪽 집들 창마다 불은 꺼졌다. 골목을 돌아 나오자 비릿한 갯내가 풍겨왔다. 그리고 작은 소라 같은 귓속으로 철썩이는 파도 소리가 들려왔다. 소녀는 또다시 걸었다. 어디든지 갈 수 있는 한 멀리 가고 싶었다. 하지만 자정이 가까운 한밤중, 열세 살 소녀가 갈 수 있는 곳은 그곳, 광안리 바닷가뿐이었다. 소녀에게는 그곳이 세상 끝이었다. 소녀는 가장 낮은, 가장자리인 바닷가에 웅크리고 앉았다. 한결 매서워진 초겨울 바닷바람이 볼을 할퀴고 지나갔다.

하루하루를 살아가야 하는 사람들에게 생활만큼 절대적인 것은 없다. 하물며 단 열흘 치 식량도 준비해 놓지 못하는 가난한 사람들 생활이야 말해서 무엇하랴. 그런 이들에게 생활이란 마치 매일 숨을 헐떡이며 넘어야 할 가파른 산 같아서, 짙은 산그늘에는 모든 것이 묻히고 만다. 입가에 걸리는 미소 한 자락도 빛을 잃고, 가슴 깊이 켜놓았던 희망이란 촛불 한 자루도 어느새 까무룩 붉빛이 사그라진다.

소녀의 어머니는 일을 따라 어디론가 가신 아버지를 찾아 집을 떠났다. 소녀에게 쥐어진 몇 푼의 돈도, 윗목에 놓여 있던 쌀자루도, 어둑한 찬장에 들어 있던 국수 다발도 바닥을 드러냈다. 소녀는 마지막 국수를 삶아 저녁을 먹인 동생들을 줄줄이 눕혀 놓고 그날도 버스 종점을 향해 먼 길을 걸었다. 오늘은 어머니가 오시겠지, 소녀는 가는 줄곧 마음속으로 누군가에게 빌었다. 그러나 그날도 소녀의 발걸음이 흐르다 멈춘 곳은 낮디낮은 바닷가였다.

소녀는 바닷가에서 오래도록 흐느껴 울었다. 서러움과 불안과 그리움이 눈물로 녹아내렸다. 소녀는 혀를 내밀어 입술에 흘러내리는 눈물을 맛보았다. 짠맛이 났다. 소녀는 문득 알게 되었다. 저 밤바다가 눈물을 받아주고 있다는 것을. 눈물처럼 짠맛을 내며 같이 흐느끼고 있다는 것을.

아무것도 달라진 것은 없었지만 소녀는 가슴 한쪽이 조금 가벼워지는 것을 느꼈다. 가슴을 꽉 채웠던 무겁고 어둡고 습한 무언가를 바다에 버린 기분이었다. 그렇게 비워진 작은 공간이 소녀를 다시 일어서게 했다. 엄마가 돌아오고도 소녀는 가슴이 답답할 때마다 광안리 바닷가를 찾았다. 그런 소녀를 바다는 한 번도 내치지 않았다. 소녀가 가슴에서 무거운 것들을 끌어내 품에 버리는 것을 묵묵히 허락해 주었다.

소녀는 자라서 결혼하고 아이들을 낳았다. 그러다가 아이 친구 엄마를 사귀게 되었다. 누군가가 가난과 사랑은 숨기기 어렵다고 했다. 가난으로 인한 상처에서는 언제나 짠 내가 난다. 그녀에게서 그 냄새를 맡았다. 흰 피부에 교양이 넘치는 태도를 가진 그녀에게는 어울리지 않는 것이었다. 그러나 이내 그것을 따라 그녀의 유년을 들여다볼 수 있었다.

배를 타던 아버지가 바다에서 돌아가시자 어머니는 생선 장사를 시작했다. 그녀는 어머니가 이른 새벽 커다란 대야를 두 개나 짊어지고 자갈치 시장으로 나갈 때마다 두 눈을 감고 뜨지 않았다. 저녁밥을 지어 먹고, 숙제하고, 어둠 자락이 수정동

산비탈을 꼼꼼하게 덮을 즈음에야 어머니는 몇 마리 남은 생선이 든 대야를 이고 집으로 들어서곤 했다. 그녀는 어머니가 아깝다며 장만해 주는 배가 터지고, 살이 물러 이상한 냄새를 풍기는 생선을 먹지 않았다. 그녀는 어머니가 밀쳐둔 생선을 몰래 도랑에 버리기도 했다. 그 생선들은 여름 장맛비에 쓸려 다시 바다에 버려졌다. 밤마다 앓는 소리를 내며 돌아눕는 어머니에게서 나는 비린내가 몸서리치게 싫었다고 말하는 두 눈에서는 짠 눈물이 흘러내렸다.

수정동 산자락에는 피난민들이 지은 판잣집이 가득했지만, 산 아래로는 제법 넓은 정원에 높은 담이 둘러쳐진 양옥집들도 많았다. 평소에 그녀는 생선을 사라고 외치며 아랫동네를 돌아다니는 어머니를 행여라도 만날까 봐 멀리 길을 둘러 하교하곤 했다. 노래도 잘하고 공부도 잘하는 그녀를 친구들은 아랫동네에 산다고 생각했다. 하필 그날은 한 친구 생일날이었다. 친구들과 떠들며 동네에 들어서다 그녀는 생선 대야를 이고 골목 어귀를 돌아서던 어머니와 맞닥뜨렸다. 놀란 그녀는 황급히 돌아서서 뒤도 돌아보지 않고 달렸다. 그리고 해가 지도록 부둣가를 서성거렸다고 했다. 그날 저녁 어머니는 그녀를 보았는지, 보지 못했는지 아무런 말씀도 없었다. 그래도 그녀도, 어머니도 그럭저럭 살아온 것을 보면 자갈치 바다가 두 모녀의 속엣것을 어지간히 받아주지 않았을까 싶기도 하다.

여기 또 한 남자가 있다. 찢어지게 가난한 집안에서 태어나

배운 것도 없고 물려받은 것도 없었다. 오직 몸뚱이 하나로 기술을 익히며 먹고 살았다. 그러다 아이들이 태어나자 스스로 사업을 하리라 결심했다. 아이들에게만은 가난의 대를 물려주고 싶지 않았다. 단돈 삼십만 원으로 시작한 사업은 남자의 땀과 뼈를 깎는 노력으로 조금씩 성장했다. 그러다 IMF를 맞았다. 넘어져도 주위에 풀 한 포기 잡을 것이 없던 남자에게 사업이 쓰러지는 것은 한순간이었다. 도리가 없어진 남자는 소주 두 병을 옆구리에 차고 영도다리 아래 바닷가를 찾았다.

본래 술을 잘 마시지 못하던 남자는 두 번째 소주병이 바닥을 보이자 엉금엉금 기어가 바다에 속엣것을 다 토해내고 말았다. 소리칠 힘도 울 힘도 없었던 남자는 바닷가에 벌렁 눕고 말았는데, 노을이 지고, 달이 스치고, 별이 빛나는 바다가 너무 아름다워 헛웃음이 나오더란다. 죽어야 하는 순간에 세상이 이리 아름다운 것은 무슨 아이러니인가. 스멀스멀 피어오르는 해무에 젖고 아슴아슴 들려오는 파도 소리를 들으며 깜박 잠이 들었다가 깨어난 남자는 죽지 않고 뭍으로 다시 올라왔다. 어쩌면 옛날 그 소녀처럼 속을 비우고 난 그 작은 공간이 남자를 다시 일으켜 세운 것일까. 훗날 다시 사업을 되찾은 그는 그 바닷가를 찾아가 소주 한 병을 뿌려주었다고 했다.

사실 부산에 사는 사람치고 이런저런 사연으로 바닷가를 찾지 않은 사람이 몇이나 될까. 그저 되는대로 제 속을 바다에다 버리고 뒤돌아서서 제 삶을 찾아간 사람이 얼마나 많을까.

저 낮은 곳에서 같이 흐느끼고 출렁대며 울부짖는 바다가 없었더라면 우리는 어디에다 우리의 속을 풀었을까. 없는 사람 심정은 없는 사람이 알듯이 낮은 곳으로 몰린 사람 심정은 낮은 곳에서 출렁이는 바다가 알았던 것일까. 지나고 보니 소녀에게도, 그녀에게도, 그 남자에게도 바다는 한결같이 든든한 뒷배였지 싶다. 비밀을 절대 누설하지도, 배신하지도 않으면서 언제나 그 자리에서 묵묵히 기다리고 버텨주는 뒷배 말이다.

부산 바다라는 뒷배가 얼마나 든든한지는 이미 역사적으로도 증명이 되었다. 한국전쟁이 나고, 한순간에 피난민이 부산으로 몰렸다. 부산 시민 몇 배에 이르는 인구가 부산 바다라는 뒷배 하나 믿고 목숨줄을 걸었다. 부둣가에서 등이 굽도록 짐을 지고, 자갈치 시장에서 목이 쉬도록 손님을 불렀다. 영도다리 밑에서 피눈물을 흘리며 헤어진 가족을 찾았고, 수없이 바닷가를 찾아가 맺힌 한을 울부짖었다. 한숨과 눈물과 절규는 모두 바다로 흘러들었다. 그러니 바다인들 어찌 울지 않았으랴. 그러나 바다는 버텨주었다. 그들이 하나, 둘 부산발 기차를 타고 제 살 곳으로 찾아갈 때까지 말이다. 부산 바다, 위대했던 뒷배의 힘을 온 국민이 기억해야 한다. 우리 아버지와 어머니가 뒷배에 기대어 살았던 때를 잊지 않아야 한다.

지금은 부산 바닷가마다 멋진 카페와 음식점들이 즐비하다. 소녀가 찾았던 칠흑 같았던 광안리 바닷가에는 휘황찬란한 전등을 켠 가게가 줄을 서 있고, 오색 조명을 번갈아 밝히는 광안대교가 멋진 자태를 자랑하고 있다. 그녀와 그 남자가 찾았던 바닷가에는 새로운 영도다리가 놓이고, 깨끗하게 정비된 자갈치 시장이 들어섰다. 이제 사람들은 먹고 즐기기 위해 바닷가를 찾는다.

그러나 각양각색으로 꾸며놓은 가게들도, 삼삼오오 무리를 지어 드나드는 사람들도 모두 부산 바다라는 뒷배가 없다면 애초부터 있었을 것 같지 않은 풍경들이다. 화려한 모습들 뒤에는 어김없이 부산 바다가 있다. 유독 부산 남자들이 허세가 많고, 부산 여자들 목소리가 큰 것도 다 부산 바다라는 뒷배를 믿기 때문이다. 그러니 이해하시라. 부산에 살아보지 않고는 저 부산 바다, 가덕도에서 임랑에 이르는 어머니의 치마폭 같은 든든한 뒷배를 어찌 알겠는가.

쓰레기는 토해냈을망정 우리의 눈물과 근심은 기꺼이 품어주는 바다가 창밖에서 여전히 흰 이를 드러내며 조용히 웃고 있다. 갈매기 몇 마리 밝아지는 하늘을 날며 바다에 그림자를 새긴다. 잠깐 낚싯대를 드리웠던 남자가 가고, 검은 카디건을 걸친 여자가 바닷가를 거닐고 있다. 그네들이 무심코 바다에 버린 감정들을 삼킨 바다가 조금씩 더 푸르러진다. 나의 뒷배가, 우리의 뒷배가 여전히 굳건하게 출렁이고 있다.

암탉론

나는 암탉이다.

첫 문장을 써놓고 골똘히 바라본다. 짧고, 의미도 간결해 첫 문장으로 제격이지 싶다. 근데 다시 읽어보니 사람인 내가 암탉이 될 수는 없다. 도대체 무슨 말인가. 나와 암탉 사이가 너무 멀다.

어린 시절 외갓집에서 초등학교에 다녔다. 외할머니는 장독대 눈이 녹기가 무섭게 양계장을 청소하고, 날개에 갓 깃털이 돋은 삼십여 마리 병아리들을 채워 넣었다. 그때부터 물과 모이를 주는 것은 내 소임이었다. 병아리들은 쑥쑥 자랐다. 빠진 솜털이 민들레 갓털처럼 양계장을 휘휘 돌아다녔다. 꽁지깃이 나고 봉숭아꽃 색 벼슬이 맨드라미꽃처럼 붉어지면 중닭이 되었다는 표시다. 할머니가 시키는 대로 산란용 사료 자루를 헐고 푸성귀를 썰어 부지런히 모이를 주었다. 그리고 여름방학을 맞았다.

그날 풍경은 이렇다. 문을 열자 작은 창으로 흘러든 햇살이 마치 실개울처럼 양계장 안을 휘돌았다. 빛의 물결은 모이통 아래 알받이에 놓인 작은 알 세 개를 씻기고 있었다. 양계장은 밝았지만, 순간 정적을 들이켜며 전율을 느꼈다. 꾸룩꾸룩 암탉의 검은 눈이 나를 응시했다. 알들은 흰 조약돌처럼 빛났다. 조심스레 손을 뻗었다. 알을 쥐자 손바닥에 따끈한 열기가 새겨졌다. 오래도록 지워지지 않는 화인 같은 열감이었다.

여름방학 내내 어떤 의문에 사로잡혔다. 암탉은 어떻게 해서 알들을 낳는 것일까. 사실 답을 얻는 방법은 가까이에 있었다. 다만 용기가 좀 필요했다고나 할까.

외할머니는 닭칼국수를 만들기 위해 가끔 암탉을 잡았다. 식구들 여름철 보양식이었던 셈이다. 외할머니가 닭 날개를 휘어잡고 우물가로 향하면 나는 여름 더위와는 또 다른 열기로 식은땀을 흘렸다. 마루에 엎드린 채 두 손에 얼굴을 묻고 숨을 죽였다. 그러다 호기심에 못 이겨 살짝 벌려놓은 손가락 사이로 갈라진 배를 보고야 말았다.

내장이 보이는 배 안에는 찰흙으로 빚은 것 같은 노란 포도송이가 들어 있었다. 그것들은 핏기가 감도는 내막 속에 성글게 맺혀 있었는데, 아래로 내려갈수록 커졌다. 마지막 것은 거의 달걀만 했다. 만약 암탉이 살아 있었다면 다음번 알이 될 것이었다. 배 속을 보았다고 해서 신비함을 다 이해할 수는 없었다. 다만 그것들을 보는 순간 내면에 포도알 같은 심상心象이 맺히고 있다는 것을 어렴풋이 느꼈다.

언제부터 크고 작은 심상들이 맺혀왔는지를 말하기는 어렵다. 단지 그 심상들은 나와 타인의 상처와 깊은 관련이 있는 것 같다. 상처에 맺힌 심상은 아무리 세월이 흘러도 떠내려가지 않았다. 나는 좀 예민한 사람이었다. 환경도 썩 좋지 않았다. 오래된 결핍은 수많은 상처를 남겼다. 그것들은 어두운 골목에 부는 찬바람으로, 묘혈에 내리는 싸락눈으로, 어머니 관 뚜껑을 내려치는 망치 소리로, 아버지에게서 나는 짙은 니코틴 냄새로, 남몰래 훔쳐 먹던 케이크의 아릴 만큼 달콤한 맛으로 심상을 남겼다.

가끔은 환희와 경탄으로 인한 심상도 생겼다. 상처 입은 짐승은 숲속으로 가서 스스로 치유한다고 한다. 나도 자연에 의지하는 때가 많았다. 어멍이 비치는 매화꽃梅花을 보았다. 아스팔트 틈새에 피어 있는 민들레도 보았다. 키를 넘는 억새밭에 몸을 숨기고 핏빛 같은 노을을 바라보았다. 그 하늘을 고단한 날갯짓으로 나는 새 떼도 보았다. 영롱한 구슬처럼 심상이 맺혔다. 다시 말해 오감이 어떤 것에 집중되어 있거나 활짝 열려 있을 때 심상은 저절로 맺히곤 했다.

평소에 그것들은 내면 깊숙이 가라앉아 있다가 어느 순간 점점 커지며 의식 표면으로 떠오른다. 순서가 있는 것이 아니므로 나도 시작과 끝을 알 수 없다. 물론 개수를 헤아리기도

암탉론 259

어렵다. 언제 알이 되어 나올지도 모른다. 그러나 어디선가 청탁이 오고 마감이 가까워지면 급속히 커지는 경향이 있기는 하다.

 습작 시절 지독한 상실감에 시달렸다. 글을 쓰면 쓸수록 내 안이 텅 비는 것 같았다. 게다가 써놓은 글들은 하나같이 배설물에 불과했다. 신경성 대장염까지 앓아가며 전전긍긍했다. 그러다가 〈백열전구〉라는 글이 한 공모전에 당선되었다. 병아리 부화기에 관한 글이었다. 그때부터였던 것 같다. 무형의 글이 유형의 알로 느껴지기 시작한 것이. 글 한 편이 손바닥으로 감지되는 알 하나가 되었다. 서너 편이 쌓이자 제법 중량감이 느껴졌다. 글을 모아놓는 폴더 이름을 '알 바구니'라고 붙였다. 상실감이 사라졌다.

 나는 내 글이 달걀 같기만 하였으면 한다. 허기는 지고, 시간은 없을 때 후딱 해 먹을 수 있는 달걀부침이면 좋겠다. 소풍 때 가져간 삶은 달걀이라도 좋겠다. 김밥에 들어간 달걀지단이어도 좋겠다. 그리고 아주 드물게라도 존경해 마지않는 에디슨처럼 누군가가 가슴으로 내 글을 품어 새로운 의미를 탄생시킨다면 더없는 영광이겠다.

 어느 독자에게서 당신의 글은 몸으로 쓴 것 같다는 평을 들은 적이 있다. 머리로 썼다면 지성을 인정받은 것이고, 가슴으로 썼다면 인성을 칭찬받은 것이리라. 그럼, 몸으로 썼다는 것은 어떤 뜻일까.

요즈음 달걀은 세척과 살균을 거쳐 시장에 나온다. 그래서 냄새가 없다. 근데 갓 낳은 달걀에서는 특유의 비린내가 난다. 자연이라는 위대한 조향사가 오래 묵은 땀 몇 방울에 갓 솟은 눈물 한 방울을 섞어 만들어낸 좀 큼큼하고 싸한 향이다. 알에 묻어있는 체액이 마르면서 나는 냄새다. 아마 내 글에서도 날 비린내가 좀 나는 모양이다. 평론에 별 전문지식이 없는 나는 그저 그렇게 평을 받아들인다.

조류인플루엔자가 휩쓸고 간 뒤 달걀값이 올랐다. 알을 낳을 암탉들이 사라졌기 때문이었다. 서른 개 한 판에 3,600원 하던 것이 10,000원 가까이 되자 사람들은 사재기까지 해가며 아우성을 쳤다. 중학교 가정 교과서에 완전식품이라고 나와 있긴 하지만 달걀이 그렇게 필요한 것인지는 처음 알았다. 냉장고에 서너 알 남은 달걀을 생각하니 나도 마음이 불안해졌다. 하긴 무엇이든 귀해지면 비싸진다. 그래봐야 한 알에 300원 남짓이니 비싸다고 해야 할지는 모르겠지만. 지금은 한 판에 7,200원 정도 한다. 따져보면 달걀만큼 싼 것도 드물다.

내 글도 싸다. 가뭄에 콩 나듯이 원고료를 받는다. 내 글이 싼 이유는 너무 흔하거나, 불완전해서 상품 가치가 없어서다. 거기에 보태어 이런 한심한 생각도 한다. 달걀이 보석처럼 비싸다면 누가 그걸 먹을 수 있겠는가. 공기처럼 물처럼 정말 소중한 것들은 공짜가 많다. 달걀만 해도 그걸 낳은 암탉과 알의 신비를 생각하면 턱도 없는 가격이 아닌가. 내 글이 과연 달걀만큼 값어치가 있는가 하고 말이다.

　나는 시간이 나는 대로 단어와 문장을 쪼아먹는다. 단어는 풋보리처럼 탁 터지는 것을 좋아하고, 문장은 지렁이처럼 살아 꿈틀거리는 걸 즐긴다. 가끔 푸성귀도 먹는데, 그럴 때면 속이 시원해진다. 마치 식물의 상상력을 흡수한 것 같다. 푸성귀들은 내가 낳을 알의 이미지를 만들며 산란을 촉진한다. 단어와 문장은 책 속에 가득하고, 푸성귀는 산책길에 널려 있다.

　내가 외부에서 섭취하는 것들은 알껍데기가 된다. 심상은 아무리 자라나도 무형의 무엇이다. 그것을 밖으로 내어놓으려면 껍데기가 필요하다. 단단하면서도 얇아서 내용을 드러내면서도 안팎이 서로 긴밀히 연결되어야 한다. 하지만 과식 탓인지 딱딱하고 두꺼운 껍데기가 되기 일쑤다. 심상은 단어와 문장에 갇혀 숨도 쉬지 못하고, 이미지는 훼손된다. 나는 알을 깨 버린다.

　인간에게 알을 깨야 한다고 외친 작가가 헤르만 헤세던가. 작가에게 단어와 문장으로 이루어진 글은 한 세계이다. 알을 깨면 그 세계가 무너진다. 냉정하게 말하면 고통에도 불구하고 무너져 내리는 것은 축복이다. 알이 깨지는 소리는 새로운 알의 탄생을 알리는 전주곡이다. 그러나 단 한 가지 전제가 있다. 무너지는 것은 내가 아니라 인식이라는 자각이 있어야 한다.

　단어와 문장으로 이루어진 인식은 껍데기다. 전날 내가 먹은 사료일 뿐이다. 진정 중요한 것은 암탉이 자연스럽게 뱃속에서 알을 만들듯 나의 내면에서도 당연히 새로운 심상들이 창조되고 있다는 것을 믿는 일이다. 나를 믿으며 알을 낳고, 나를 의심하며 알을 깨뜨리고, 또다시 새로운 알을 낳는 것이 작가에게 주어진 숙명이다.

  이제 마지막 문장만을 남겨 놓고 있다. 암탉이 지척에 와 있다. 드디어 마침표를 찍는다. 이 순간만큼은 아무리 생각해도 '나는 암탉이다.'